AGORA É O MOMENTO SUBLIME DE APLICARES A HERANÇA DIVINA QUE POSSUIS EM BENEFÍCIO DA ORDEM UNIVERSAL.

Joanna de Ângelis/Divaldo Franco

*Para

com votos de paz*

DIVALDO FRANCO

PELO ESPÍRITO
JOANNA DE ÂNGELIS

[MESMO QUANDO HÁ NUVENS,
BRILHA O SOL QUE AGUARDA PASSAREM AS SOMBRAS DE TODA ESPÉCIE]

ASSOCIAÇÃO BRASILEIRA DE
DIREITOS REPROGRÁFICOS

LEAL

SALVADOR - BA
1. ed. – 2023

COPYRIGHT © (2023)
CENTRO ESPÍRITA CAMINHO DA REDENÇÃO
Rua Jayme Vieira Lima, 104
Pau da Lima, Salvador, BA.
CEP 412350-000
SITE: https://mansaodocaminho.com.br
EDIÇÃO: 1. ed. – 2023
TIRAGEM: 30.000 exemplares
COORDENAÇÃO EDITORIAL
Lívia Maria Costa Sousa

REVISÃO
Adriano Mota Ferreira
Lívia Maria Costa Sousa
Plotino Ladeira da Matta
CAPA
Ailton Bosco
EDITORAÇÃO E PROJETO VISUAL
Ailton Bosco
COEDIÇÃO E PUBLICAÇÃO
Instituto Beneficente Boa Nova

PRODUÇÃO GRÁFICA
LIVRARIA ESPÍRITA ALVORADA EDITORA – LEAL
E-mail: editora.leal@cecr.com.br

DISTRIBUIÇÃO
INSTITUTO BENEFICENTE BOA NOVA
Av. Porto Ferreira, 1031, Parque Iracema. CEP 15809-020
Catanduva-SP.
Contatos: (17) 3531-4444 | (17) 99777-7413 (WhatsApp)
E-mail: boanova@boanova.net
Vendas on-line: https://www.livrarialeal.com.br

Dados Internacionais de Catalogação na Publicação (CIP)
(Catalogação na fonte)
BIBLIOTECA JOANNA DE ÂNGELIS

F825   FRANCO, Divaldo Pereira. (1927)

Mundo regenerado. 1. ed. / Pelo Espírito Joanna de Ângelis [psicografado por] Divaldo Pereira Franco, Salvador: LEAL, 2023.
200 p.
ISBN: 978-65-86256-23-9

1. Espiritismo 2. Psicografia 3. Reflexões morais
I. Franco, Divaldo II. Título

CDD: 133.93

Bibliotecária responsável: Maria Suely de Castro Martins – CRB-5/509

DIREITOS RESERVADOS: todos os direitos de reprodução, cópia, comunicação ao público e exploração econômica desta obra estão reservados, única e exclusivamente, para o Centro Espírita Caminho da Redenção. Proibida a sua reprodução parcial ou total, por qualquer meio, sem expressa autorização, nos termos da Lei 9.610/98.
Impresso no Brasil | Presita en Brazilo

"Vale a pena amar!"

Divaldo Franco

Cada qual vale o que é, e não o que se supõe.

Joanna de Ângelis/Divaldo Franco

SUMÁRIO

Mundo regenerado 11

Capítulo 1   **Reflexões** 16
Capítulo 2   **Decepções** 22
Capítulo 3   **Sinfonia imortal** 28
Capítulo 4   **Confia e age** 34
Capítulo 5   **Resistência ao mal** 40
Capítulo 6   **Suicídio infeliz** 46
Capítulo 7   **A grande esperança** 52
Capítulo 8   **Confia e espera** 58
Capítulo 9   **Alegra-te sempre** 64
Capítulo 10 **Resignação** 70
Capítulo 11 **Temor** 76
Capítulo 12 **A *sombra* de João Evangelista** 82
Capítulo 13 **Pureza de coração** 88
Capítulo 14 **Perversos e frágeis** 94
Capítulo 15 **Permanece alegre** 100

Capítulo 16	**Medita e trabalha**	106
Capítulo 17	**Caridade do amor**	112
Capítulo 18	**Vida atuante**	118
Capítulo 19	**Nem mesmo Atenas**	124
Capítulo 20	**Herói cristão**	130
Capítulo 21	**Mediunidade**	136
Capítulo 22	**Luz iridescente**	142
Capítulo 23	**Sempre vivos**	148
Capítulo 24	**Enfloresça o coração**	154
Capítulo 25	**Vive em plenitude agora**	160
Capítulo 26	**Autoiluminação**	166
Capítulo 27	**Fracasso aparente**	172
Capítulo 28	**A política de Jesus**	178
Capítulo 29	**Fidelidade integral**	184
Capítulo 30	**Glórias do Natal**	190

Veio Jesus demonstrar a grandeza do amor e Ele próprio foi vítima da loucura que assinalava o Seu tempo, aliás, sem muita diferença dos tempos atuais sob o ponto de visa ético e moral.

Joanna de Ângelis/Divaldo Franco

Mundo regenerado

Sem aprofundar-se em reflexões em torno da grandiosidade do programa de regeneração da sociedade terrestre em um planeta inteiramente renovado, pensou-se na possibilidade de um milagre ou salto da Natureza, dando lugar repentinamente à transformação dos escombros culturais e morais que *enxameiam* por toda parte.

Indispensável considerar-se que o acúmulo de horrores praticados no curso da sua história, através de ações *nefastas* em que predominavam o ódio, o egoísmo e a *soberba*, não poderia desaparecer em breve tempo, dando lugar aos sublimes sentimentos do amor através do altruísmo, da misericórdia, da beleza, da compaixão.

O larguíssimo período de construção da Humanidade foi todo *assinalado* pelo primarismo das paixões desastrosas, embora a criatura sempre houvesse tomado conhecimento das suas altas responsabilidades pela vida e os deveres para preservá-la com elevação.

Mensageiros espirituais visitaram o mundo em todos os séculos, conclamando os indivíduos ao culto do amor e da compaixão, informando a sua procedência de natureza espiritual, mas nem sequer foram ouvidos ou acreditados.

ENXAMEAR
Juntar-se em grande número; apinhar-se, aglomerar-se.

NEFASTO
Que pode trazer dano, prejuízo; desfavorável, nocivo, prejudicial.

SOBERBA
Comportamento excessivamente orgulhoso; arrogância, presunção.

ASSINALADO
Que se assinalou; que se distinguiu; marcado com sinal.

> **BELICOSO**
> Que apresenta comportamento agressivo, que tem inclinação para a guerra, para o combate.

> **DESDITOSO**
> Desafortunado, inditoso, infeliz.

> **ESTESIA**
> Capacidade de perceber sensações; sensibilidade.

> **EITO**
> Sucessão de coisas postas em uma mesma direção ou uma mesma fileira.

> **SICÁRIO**
> Malfeitor, sanguinário.

> **INEXORÁVEL**
> Que continua indefinidamente; que não se pode evitar; inevitável, infalível, irremissível.

Alguns se transformaram de mensageiros da paz em governantes belicosos e insensatos, assinalando as existências com a impiedade do egoísmo exacerbado e de outras paixões descontroladas.

Impérios foram erguidos por escravos que sucumbiram anônimos, vencidos pelos perversos governantes da fase desditosa em que viveram.

Civilizações ricas de beleza e encantamento não resistiram aos vândalos e apaixonados pelo poder que as consumiram, tudo reduzindo a destroços pela sua tirania...

Nações florescentes e belas, assinaladas pelo pensamento filosófico, pela poesia e todas as estesias oferecidas pelos deuses, não resistiram aos inimigos do progresso que as fizeram desaparecer sob as areias escaldantes dos desertos, ou submergiram nas águas oceânicas...

As bênçãos que eram prometidas transformaram-se em maldições no eito da escravidão em séculos de dor e sombra, de esmagamentos e terrores.

Veio Jesus demonstrar a grandeza do amor e Ele próprio foi vítima da loucura que assinalava o Seu tempo, aliás, sem muita diferença dos tempos atuais sob o ponto de visa ético e moral.

...E o mundo prosseguiu na saga da crueldade, com séculos de esperança que se transformaram em desencanto e dor.

Os cárceres imundos sempre estiveram abarrotados de vítimas, e os assassinatos tornados legais pelos chefes de Estado ceifaram incontáveis existências risonhas, que passaram a acumular ódio nas esferas próximas do planeta.

Santos e mártires proclamaram o bem em toda parte, e foram silenciados pelos tremendos sicários da Humanidade.

Como, porém, a marcha do progresso é inexorável, vieram os Espíritos imortais e anunciaram chegados os tempos para as grandes transformações, já que o planeta evolui apesar dos seus habitantes insistirem nas odientas cruzadas da destruição.

Mundo regenerado

O inegável progresso tecnológico estendeu-se por toda parte, mas, em razão do atraso moral dos humanos, passaram a ser aplicadas também as mesmas condutas ancestrais de poder e de governança.

Como consequência, a ética e a moral deram as mãos e foram destroçadas pela violência dos alucinados que ameaçam a Humanidade de extinção, o que se não dará com certeza, porque Jesus é o condutor da barca terrestre, que tem a missão de a levar ao porto de segurança e ofertá-la ao Pai Misericordioso...

❖

Este *tórrido* momento, caracterizado pela desordem e vencido pela *anarquia*, está previsto nos Códigos Divinos.

Não te assustes, não te alarmes, não duvides do Guia Celeste.

A gloriosa barca terrestre não se encontra *à matroca*.

A orquestração que se ouve é de dores e tragédias, fruto dos destroços que flutuam em toda parte e da alucinação das massas.

Isto, porém, logo passará, e ventos generosos soprarão as cinzas dos incêndios morais e abrirão caminhos entre pedras de aparência *inamovível*.

Não censures os maus tornando-te um deles.

Confia em Deus e acalma-te, cumprindo o teu dever de amar a tudo e a todos.

Retifica os conceitos que te pareçam *cediços* ante a *injunção* penosa, aprofunda reflexões em torno da fé raciocinada e avança com sorriso de esperança, porque, por mais incrível que possa parecer, já estamos iniciando, desde há algum tempo, o mundo de regeneração planetária.

Mantém a certeza de que verdadeiros *contingentes* de Espíritos nobres estão *laborando* na execução do programa superior. Conecta com eles e torna-te uma âncora para evitar qualquer tipo de naufrágio.

TÓRRIDO
Quente em excesso; ardente.

ANARQUIA
Com ausência de direção ou normas reguladoras; de maneira bagunçada e desordenada.

À MATROCA
À deriva, de qualquer maneira.

INAMOVÍVEL
Que não pode ser movido de um lugar para outro.

RETIFICAR
Tornar reto, corrigir.

CEDIÇO
Estragado, desagradável, ultrapassado.

INJUNÇÃO
Ordem precisa e formal; imposição; exigência.

CONTINGENTE
Conjunto de indivíduos designados para executar tarefa ou missão eventual e temporária.

LABORAR
Ocupar-se em (algum ofício); trabalhar, obrar; fazer, realizar.

Divaldo Franco · Joanna de Ângelis

❖

Algumas mensagens que constituem o presente livro foram divulgadas oportunamente pela imprensa espírita.

Elas são convites à melhor conduta nas situações *vigentes* na Terra de hoje e oferecem conforto e segurança a todos aqueles que sinceramente *anelam* por um mundo melhor.

Agradecemos a gentileza dos nossos leitores e rogamos ao Mestre Incomparável que a todos nos abençoe e proteja.

Amparo, SP, 12 de novembro de 2022.

Joanna de Ângelis

VIGENTE
Que está em vigor; que vigora; que vige.

ANELAR
Desejar ardentemente; ansiar, almejar, aspirar.

A felicidade não ergue o seu edifício de paz sobre os escombros daqueles que foram derrubados.

Joanna de Ângelis/Divaldo Franco

Capítulo 1
Reflexões

Antes de iniciar-se o processo de tua reencarnação, estabeleceste condições delicadas e de alta significação para o teu êxito na Terra, e, considerando-se as graves responsabilidades que te seriam outorgadas, desfrutas as bênçãos da anuência divina.

Reflexiona com cuidado, realizando comparações com outras experiências humanas de viandantes do mesmo caminho ao teu lado.

Desejaste um corpo saudável, harmônico, possuidor de campos vibratórios produtores de simpatia e o conseguiste.

Anelaste por um lar saudável para renascer, onde fossem possíveis a compreensão e a fraternidade, e conseguiste um ninho doméstico no qual os deveres e os sentimentos emocionais poderiam exteriorizar-se com naturalidade.

Necessitaste de uma educação e uma instrução compatíveis com o processo da evolução da Humanidade e foste aquinhoado com a bênção programada.

Chegaste à idade adulta experienciando os favores juvenis e desfrutaste das alegrias compatíveis com as circunstâncias da época.

OUTORGADO
Concedido, permitido.

ANUÊNCIA
Ação ou efeito de anuir; anuição, permissão, aprovação, aquiescência, autorização, consentimento.

VIANDANTE
Viajante, viageiro, peregrino; caminhante passante, transeunte.

AQUINHOADO
(Fig.) Favorecido, contemplado.

Pretendias construir uma família na qual o equilíbrio se caracterizasse pelas concessões dos anjos protetores e foste beneficiado com os *rebentos* da carne que enfloram a família.

Atravessaste a floresta da convivência social com recursos e instrumentos próprios para uma existência feliz.

Foram equacionados desafios complexos e dificuldades que remanesciam no quadro da reencarnação, para tanto encontraste solução própria sem deixar no passado um saldo de misérias de quaisquer denominações.

A fé religiosa chegou-te canora e instalou-se na harpa dos teus sentimentos e inteligência, através de almas abnegadas, mansas, que te fascinam, e aprendeste a conversar com Deus.

Toda vez que as preocupações se tornaram graves, no momento adequado recebeste o auxílio do Alto, quase inesperado, mantendo-te no ritmo do trabalho e no labor dignificante.

Pudeste superar armadilhas de inimigos que te não perdoam o progresso que conseguiste, sem maior soma de sacrifícios.

Encontraste abertas as portas da edificação da Humanidade e estás em campo, qual habilidoso lutador que não teme os combates.

Concomitantemente, os instrumentos com que foste equipado para o triunfo existencial tornaram-se perigosos recursos que também atraíram presenças perigosas, semelhantes à flor fascinante e perfumada, que mediante esses tesouros é atacada ferozmente pelos inimigos naturais.

Titubeaste, vezes sem conta, em razão da afetividade tumultuada pelo prazer superficial do novo e do diferente, tornando-se necessária a interferência dos teus guias espirituais, que ajudaram a deslindar-te da hipnose devastadora que poderia destruir os belos planos transcendentais...

❖

Felizmente estás desperto para os deveres mais elevados a fim de os atender com todos esses recursos com que estás aquinhoado.

Saíste de situações embaraçosas que iriam tragar-te, lançando-te no abismo da sua perversa atração. Conseguiste perceber a tempo a cilada espiritual que te estava expondo à perda da oportunidade ímpar.

Mantém-te vigilante e cuidadoso, não permitindo que novas fascinações te arrebatem as emoções, anunciando prazeres que já conheces, mas a vulgaridade do momento transforma em projeção social e alucinação nos relacionamentos sociais e morais.

A felicidade não ergue o seu edifício de paz sobre os escombros daqueles que foram derrubados.

Não se pode navegar com sorrisos, na barca da ilusão, sobre a torrente das lágrimas alheias de que se faz responsável.

A alegria somente é verdadeira quando as suas nascentes não são as mesmas dos minadouros do sofrimento de outrem.

Quando as criaturas humanas compreenderem que a renúncia em benefício de alguém é conquista de alto preço, os rumos da sociedade serão muito diversos destes que vêm sendo percorridos.

Porque tal conduta ainda não foi conseguida, as enfermidades cruéis e diaceradoras se encarregam de mudar as faces da beleza, da juventude e do encanto de um momento para o outro.

Não contes sempre com a aparência, que se altera a cada instante e joga para fora as aflições asfixiadas no oceano íntimo das necessidades reais ou imaginárias.

Sempre se considera a feiura, a dor, a ausência de recursos financeiros, a solidão, o abandono como provações ultrizes, com

TORRENTE
Grande quantidade de coisa que cai ou jorra; abundância.

MINADOURO
(Fig.) Nascente de um riacho ou córrego.

ULTRIZ
Vingadora; que vinga; que pune.

o que anuímos seguramente. Entretanto, é de considerar-se que tudo de bom que se recebe da Vida, na condição de empréstimo para a vitória, também é de caráter provacional, exatamente pelas facilidades que proporciona e os comprometimentos graves e infelizes a que dão lugar depois do seu mau uso.

O dinheiro, tão disputado, é um artefato muito perigoso, porque favorece a prática do bem, assim como empurra a comportamentos nos escusos campos da desgraça moral e de outros aspectos.

A beleza é uma concessão cheia de gravames porque, se não se apoia em elementos interiores de expressões morais, torna-se portadora de tragédia, como a da Medusa...

A saúde é patrimônio sublime que deve ser preservado, porque também é transitória e, quando escasseia, torna-se um tormento sem-nome.

Reflexiona, pois, em tudo com que tens sido aquinhoado e abençoa as tuas horas com respostas de amor e de caridade, assinalando a tua passagem no mundo com a gratidão e a ternura.

❖

Se renasceste com deficiência desses recursos a que nos referimos, oh! agradece a Deus o corpo desfigurado, os problemas complexos e inibidores, as decepções sofridas e o descaso experimentado, porque lograrás ser um herói, vencendo-se a si mesmo pela glória da imortalidade em plenitude.

Reflexiona sempre, coração amigo, na alegria ou na dor, porque Deus está sempre contigo.

As lições de generosidade para contigo multiplicam-se inumeráveis, e nem sequer te dás conta do alto significado de cada uma dessas sublimes concessões.

Joanna de Ângelis/Divaldo Franco

Capítulo 2
Decepções

O ingrato é Espírito sedutor, porém, destituído de sentimentos, dentre os quais o da gratidão se destaca, como se fora um lírio em pútrido chavascal.

A ingratidão é uma ferida que assinala o seu possuidor de maneira singular. Por mais disfarce o seu estado íntimo, sempre exala o odor putrescível da enfermidade moral que o consome.

Tudo no Universo faz parte de uma sinfonia harmônica, e a ingratidão é uma nota dissonante que chama a atenção.

Por essa razão, as virtudes classicamente estabelecidas formulam como excelências do comportamento espiritual a fé, a esperança e a caridade.

Na caridade resvala o valor de gratidão como o recurso valioso de edificação moral para a purificação do ser.

O ingrato, porém, sempre evoca a caridade dos outros para com ele, sem dar-se conta da legitimidade do ato recíproco.

Por mais receba, sempre se pressupõe portador de mais crédito para receber em abundância. E, quando isso não ocorre, faz-se perverso acusador de quem o abençoava com a bondade, permitindo-se vitimar-se.

CHAVASCAL
(Fig.) Mata de espinheiros; lugar sujo de lixo.

PUTRESCÍVEL
Suscetível de se putrefazer ou de apodrecer.

DISSONANTE
Que destoa; desarmônico, destoante, discordante.

Prolifera na sociedade contemporânea o número de vitimistas, aqueles que sempre se consideram injustiçados.

É natural que isso aconteça e aumente de forma equivalente ao número dos decepcionados.

Ocorre, porém, a decepção, o desencanto em razão de esperar-se do outro uma retribuição pelo menos conforme a oferenda.

Quando a doação se enquadra nos valores do beneficiado, não se padece a ingratidão do soberbo, porque a gentileza, a generosidade e o amor devem ser condutas naturais, e não recurso de trocas, mesmo que afetivas.

A arte de doar é tão complexa como a de se receber.

Uma e outra devem ser resultados de sentimentos fraternos destituídos de recompensa.

Doação é uma conquista moral que expressa desprendimento e amor. No primeiro caso, demonstra ausência de apego às coisas transitórias e valorização da outra pessoa, que vai envolvida não apenas pelo que se lhe doa, mas também pelas vibrações de ternura e afetividade.

Não estando a oferta revestida desses conteúdos morais, transforma-se em manifestação social destituída de respeito e consideração.

Eis por que o grande valor da oferenda deve ultrapassar o custo, a importância gasta com a lembrança, mais valendo o conteúdo de beleza interna e significado.

Não te sintas desprezado porque alguém te impôs o desencanto em relação à sua pessoa e gentileza oferecida.

O que fizeste por ele, o amigo, deve ter-te proporcionado alegria em face do que ofertaste.

É nesse sentido que se afirma: a dádiva sempre é maior para quem a oferta.

Permanece sem mágoa para que essa atitude não se pareça com uma cobrança afetiva renegada.

PROLIFERAR
Multiplicar-se rapidamente; propagar-se, espalhar-se.

PADECER
Admitir; consentir, comportar, tolerar.

SOBERBO
Aquele que tem soberba; arrogante, orgulhoso.

DÁDIVA
Dom, donadio, donativo, oferta, presente.

Respiras gratuitamente o ar que mantém a tua existência e, sejas grato ou revel, nada te é cobrado.

Na enfermidade necessitas de ar, este é pago a alto preço, e ainda ficas feliz por ter-te restituído a saúde...

O Sol abençoa a vida com raios caloríferos e outros, consumindo-se, enquanto sustenta as existências na Terra. No entanto, para manter-te, necessitas da vitamina D que ele te oferece gratuitamente.

As lições de generosidade para contigo multiplicam-se inumeráveis, e nem sequer te dás conta do alto significado de cada uma dessas sublimes concessões.

Olha em derredor quantas bênçãos te envolvem nas lutas e sem reclamações socorrem-te em sua misericórdia em nome de Deus.

Toda a Natureza é adaptada às tuas condições, enquanto também elabora recursos para que vivas em paz, em solidariedade e ação de fraternidade.

...E assim por diante!

Existir é mover-se, sentir, viver todos os atributos que são proporcionados. Entretanto, o receber e o doar são elementos essenciais para que possas bem viver.

A formiga trabalha, o verme faculta aeração do solo, e incontáveis formas de sustentação dos seres, antes de alcançarem a Humanidade, tornam-se troca, e o elemento dela forma um circuito de harmonia.

No ser humano, em virtude da inteligência e da razão, de igual maneira são exigidas bênçãos em permuta de outras com finalidades definidas.

Nunca, pois, permitas-te decepcionar pela conduta de alguém em relação aos teus sentimentos.

REVEL
Desinteressado, rebelde, que não se submete, esquivo.

CALORÍFERO
Que ou o que tem, transmite ou produz calor; calorígero.

FACULTAR
Dar a possibilidade ou permissão; possibilitar, permitir.

AERAÇÃO
Ato de aerar, de renovar o ar de um ambiente; ventilação.

PERMUTA
Ação ou resultado de permutar; câmbio; troca.

Compreende que cada ser respira a psicosfera que lhe é própria e estagia onde lhe permitem as aspirações.

Sempre recebes conforme ofereces. Tudo no Universo é dependente de fatores que escapam à percepção menos profunda.

Há um intercâmbio de partículas em constante movimentação, graças às quais são possíveis as realidades detectadas.

Provavelmente já passaste por esta fase ou nela ainda te encontras em razão da tua sensibilidade exigente.

Ninguém é totalmente independente pelo simples fato de o querer, e, quando pensa que o é, ignora a face de desenvolvimento e não é capaz de perceber.

Decepciona-te contigo mesmo quando não puderes cumprir uma tarefa ou meta com que te comprometeste ou por não haveres atingido o patamar que estabeleceste.

Mesmo assim, de imediato sai do túnel do desencanto e enfrenta a pradaria das oportunidades à tua espera.

Não te encontras a serviço do Amor do Mestre para permutar benefícios, senão para servir com alegria e paciência, cabendo-te a tarefa de sempre ajudar, de tal forma que o caminho seja enflorescido de bênçãos que ocultarão os empecilhos desafiadores da realização.

Renasceste para recuperar o tempo mal aplicado do ontem e esta é a formosa ocasião de fazê-lo.

❖

Não foram poucos aqueles que se decepcionaram com Jesus aprisionado quando estava no Horto das Oliveiras.

Inúmeros escarneceram-nO por não se haver defendido no Pretório, iniciando a revolução sanguinária que desejavam...

Mundo regenerado

Ingratos que d'Ele receberam graças inimagináveis zombavam por deixar-se crucificar, enquanto O desejavam dominador e reizete...

Mesmo aqueles que conviveram ao Seu lado abandonaram-nO.

Ele, no entanto, não se queixou, não discutiu com ninguém e, em silêncio, morreu...

...E voltou ao meio dos ingratos para ensinar-lhes redenção e vida gloriosa.

REIZETE
Pequeno rei; rei de um pequeno Estado; régulo.

Capítulo 3
Sinfonia imortal

Tudo que se movimenta é vida no seu esplendor inicial até a glória imarcescível do pensamento.

A evolução não teria sentido se se detivesse num ponto terminal, onde tudo se concentrasse estanque. Este ponto grandioso significaria o limite do processo e a estreiteza da finalidade existencial. Significaria a relatividade do Infinito e ilógico o sentido da vida.

Sem cessar, tudo se move e se aperfeiçoa, desde a primeira bactéria até as galáxias, e um considerável painel de ocorrências constitui a paisagem atraente e fascinante para o infindável processo criador do Universo.

Desde priscas eras a preocupação pela relativa imortalidade inspirou o ser humano a escrever ou cantar a respeito da Criação e da morte. Os hinos do bardo Gilgamesh, compilados no século VII a.C. e publicados por Assurbanípal, já nos dão ideia das preocupações em geral sobre a vida e o seu cessar.

Foi a morte, no processo da evolução antropomórfica, que mereceu os primeiros ritos numa forma de respeito e do temor à cessação dos movimentos e ações dos seres humanos.

Teologias esdrúxulas e compatíveis com os níveis sociais e culturais dos povos procuraram demonstrar a

IMARCESCÍVEL
(Fig.) Incorruptível, inalterável.

PRISCO
Que pertence a tempos idos; antigo, velho.

BARDO
Pessoa que compunha e recitava poemas épicos, ger. acompanhada de lira ou harpa.

ANTROPOMÓRFICO
Cuja forma aparente evoca a de um ser humano; descrito ou concebido com atributos humanos.

ESDRÚXULO
(Por ext.) Fora dos padrões comuns e que causa espanto ou riso; esquisito, extravagante, excêntrico.

indestrutibilidade da energia criadora, firmando terríveis conciliábulos com as Forças Cósmicas incompreendidas, mas que se manifestavam sem cessar.

Variaram as apresentações *post mortem*, envoltas em temerosas fantasias, heranças das lendas e memórias trágicas das gerações transatas.

Dividiu-se o mundo em material e espiritual, num combate injusto para que um predominasse sobre o outro.

Era inevitável que aquele, constituído pelas impressões tácteis, dominasse o outro, de natureza sutil e vaporosa, que abria espaço à imaginação para melhor atender o existir.

O sofrimento de toda espécie veio desempenhando significativo papel para a compreensão, sendo geradas oposições que predominavam sobre o primitivismo.

Foi Jesus quem demonstrou a realidade de apenas um mundo, qual ocorre na matéria com os estados sólido, líquido e gasoso, formando a unidade.

A energia, quando condensada, forma o denominado mundo material, enquanto desarticulada proporciona o surgimento do chamado espiritual ou ideal, conforme denomina o filósofo Platão.

Este é o original, real e constituído de toda a força criadora para a fatalidade que lhe está destinada.

A princípio, essa energia expande a sensação primordial que se transforma no instinto, para depois liberar a inteligência e a emoção, adormecidas no seu campo vibratório.

A partir desse momento, surgem impressões e percepções mais delicadas de outras manifestações que transcendem em formas e aparências, num estágio além da manifestação visível, mas tão vibrante quanto se pode imaginar.

Observem-se as fontes de energia em toda parte que somente são captadas mediante sutis e delicados instrumentos de registro e de transformação.

Entre as suas infinitas variedades, o pensamento cósmico expressa-se e individualiza-se, passando a apresentar-se em formas compatíveis com as circunstâncias do processo em que estagia.

Nesse instante, as Leis dos Renascimentos inscrevem-lhes, nas sombrias intimidades das estruturas perispirituais, os recursos geradores de conquistas novas e reparadoras de equívocos, dando início ao mecanismo de integração do projeto divino da vida humana racional.

O Espiritismo, confirmando a indestrutibilidade da Vida, apresentou a realidade desse mundo de causas no manancial dos efeitos orgânicos, na mediunidade.

MANANCIAL
(Fig.) Ponto ou fonte de onde algo brota em abundância.

Aquilo que denominamos morte ficou demonstrado ser vida em modulação superior e vibrante.

Nascem aí as energias e se harmonizam em criaturas, e a Terra torna-se o campo experimental da finalidade última: a perfeição!

Não te revoltes ante a morte do ser querido ou expectativa da tua própria desencarnação.

Volverás à comunhão com os seres desencarnados pelo pensamento, pelas emoções, por diversos meios materiais, porque o amor é a força de eternidade que rege o viver.

VOLVER
Voltar-se, revirar-se.

Se desencarnaram os seres, deixando-te em solidão, ama-os; ama-os e age como se estivessem ao teu lado, laborando em seu favor, e tornarás a viver com eles em banquetes abençoados quando também partires.

Se por acaso anelas realizar a viagem ao Além-túmulo, tem paciência e trabalha pela tua edificação interior, a fim de que possas despertar além da morte em condições felizes, liberado dos impositivos da matéria e das suas injunções.

IMPOSITIVO
Que não se pode dispensar; necessário.

Tudo que existe depende de um plano elaborado pela Divindade, que prossegue cuidando do Universo.

Lembra-te, portanto, que nada existe que não se encontre sob legislação especial e imortal, num progredir incessante e abençoado.

Jesus veio ensinar-nos exatamente como é transitório o mundo físico e como nos devemos preparar para aquele de natureza atemporal.

> ATEMPORAL
> Que não depende do tempo; fora do domínio do tempo; intemporal.

Jesus retornou aos Seus e aos outros, a fim de coroar com a verdade Suas palavras antes enunciadas.

Também os seres humanos, afetos e desafetos, retornam conforme eram e viveram.

Não o duvides.

Ora em silêncio e suplica a Deus que os abençoe e os auxilie a fazerem-se sentidos pela tua ternura.

Eles voltarão e atenderão a tua saudade, atenuando-a e preparando o futuro reencontro para sempre.

Tudo se transforma sob a bênção do tempo, e a inércia assim como o retraso não existem, sendo visão retorcida dos comportamentos e da realidade.

Joanna de Ângelis/Divaldo Franco

Capítulo 4
Confia e age

Vês o volume dos desequilíbrios sociomorais crescer de maneira surpreendente na sociedade algo aturdida destes dias.

Aumentam as estatísticas da loucura, da solidão, do desconforto, da depressão e a consequente volúpia na busca do prazer.

O que antes significava alegrias, satisfações, gozos já não mais se enquadra nas buscas da felicidade, que ora tem aspecto dantesco no cerne da sua constituição.

São os exageros que despertam a atenção e o interesse das massas, numa espécie de autodestruição, desde que proporcione o entorpecimento da razão e a extravagância pareça não terminar. Sai-se de uma angústia cruel ao preço da intoxicação química na ânsia de algo mais desafiador e causticante.

Raros são os esportes que preenchem os vazios existenciais, proporcionando harmonia ao invés das paixões violentas do imediatismo predatório.

Os mais amados recursos desportivos que embalam e levam ao êxtase, desde o momento em que se transformaram em profissionalismo selvagem, perderam o prazer que proporcionavam para tornar-se disputa de poder econômico, no qual as

VOLÚPIA
Grande prazer dos sentidos e sensações; grande prazer sexual; luxúria; qualquer sensação muito prazerosa; deleite.

DANTESCO
(Der.) De grande horror; diabólico, medonho, pavoroso.

CERNE
(Fig.) Parte essencial; âmago, fulcro, íntimo.

CAUSTICANTE
Que aquece muito; abrasador, fervente, quente.

IMEDIATISMO
Tendência a agir em função do que oferece vantagem imediata, sem considerar as consequências futuras.

PREDATÓRIO
(Por ext.) Que promove a destruição; destrutivo.

DESPORTIVO
(M.q.) Esportivo.

máfias criminosas elegem os seus novos heróis e, à semelhança de deuses de um maravilhoso e mitológico cenário, erguem os seus aficionados por um tempo e logo após os consomem na volúpia dos seus atributos.

Não se pensa no envelhecimento, no desastre das forças, nos fenômenos insólitos e destruidores, porque enquanto uns declinam, arruinando-se e arrastando fanáticos à desestruturação, outros mais ousados e trabalhados são poupados para os espetáculos de insensatez nas modernas arenas dos circos de apaixonados.

A afetividade, que é conquista do ser na imensidão do processo evolutivo, cede lugar aos interesses momentâneos e perde a pureza, o significado, naufragando nos gozos insaciados.

A união das almas parece ter um prazo, enquanto a libido está estimulada para tudo que se permite até o cansaço, a perda de sentido.

A solidão campeia devoradora, aumentando terrivelmente.

Um observador menos cuidadoso supõe que está havendo uma regressão da Humanidade aos instintos desgastantes, sem a presença do raciocínio, do culto aos deveres.

Em realidade está havendo um apressamento em que as ansiedades devoram as reservas de energia.

Vemos o amanhã que será superado num hoje para o qual não se tem preparação e firmeza de valores morais que apresentam o trucidamento dos seus seguidores e apressados escravos.

Não os censures, mesmo quando te agridam para se sentirem livres dos teus exemplos de honradez. As Soberanas Leis da Vida tomam-nos aos seus cuidados e expiações amargas que trabalham os frangalhos que são novamente reunidos em região própria para a aprendizagem impostergável.

Reencarnações penosas em lugares específicos, próprios para esse fim, ensinam o exercício do amor, quando se derem conta do exílio e da insuportável situação.

Não te sirvam de exemplos os caídos e os infelizes, todos esses que estão esfacelados em nome de modismos e variações da falsa felicidade.

Tua sensibilidade e percepção da vida serão os teus guias nas novas aventuras de redenção, guiando os teus passos na senda das aflições.

Tenta compreender-lhes o estágio em que se encontram e com o tempo amá-los-ás, porque todos merecem as dádivas do amor.

Tudo se transforma sob a bênção do tempo, e a inércia assim como o retraso não existem, sendo visão distorcida dos comportamentos e da realidade.

Há um inevitável avanço do progresso que não pode ser estancado.

Na aparente balbúrdia e no pandemônio em que se transforma a observância das leis, ainda aí ocorre o trabalho em favor da ordem.

O avanço é inevitável.

Olha em derredor e verás o progresso de toda ordem manifestando-se.

O átomo que foi usado para destruir cidades e vidas japonesas é também utilizado para salvar existências preciosas.

O veneno que mata em doses específicas aumenta as possibilidades de vida em outras circunstâncias.

Os gritos perturbadores e de revolta transformam-se em balbucios que suplicam misericórdia e paz.

Nunca te facultes desanimar ante a aparente vitória da desordem e do desespero, que são sempre transitórios.

Acostuma-te desde já com a nova sociedade de sofredores e desesperados, contribuindo para o seu consolo e refazimento.

ESFACELADO
Que se esfacelou; que se desmantelou, que se destruiu.

SENDA
Caminho estreito us. pelos pedestres ou pelo gado de tamanho pequeno; atalho, vereda, sendeiro.

INÉRCIA
(Fig.) Falta de reação, de iniciativa; imobilismo, estagnação.

RETRASO
Ato ou efeito de retrasar, de atrasar; atraso.

ESTANCAR
(Fig.) Pôr fim a ou ter fim; extinguir(-se), parar; estacionar.

BALBÚRDIA
Desordem barulhenta; vozearia, algazarra, tumulto; situação confusa; trapalhada, complicação.

PANDEMÔNIO
(Fig.) Mistura confusa de pessoas ou coisas; confusão.

BALBUCIO
(M.q.) Balbuciação; ação ou efeito de balbuciar; balbuciamento.

A maioria daqueles que aderem à fé raciocinada espera receber apenas bem-estar e compreensões.

Sempre foi assim, mas agora se modifica o quadro com a grande transição da Terra para mundo de regeneração.

Todo período de mudança também o é de luta e dificuldade, até que se adaptem as coisas ao quadro da nova realidade.

Velhos hábitos têm que ser substituídos por outros edificantes e compatíveis com as novas programações existenciais.

Trabalha, espera e confia.

> EDIFICANTE
> Que edifica moralmente; edificativo.

❖

Quem estivesse naquela tarde do Calvário e O visse na cruz pensaria que Ele fora vencido. Tudo estava contra Ele.

A História demonstrou o contrário e, hoje, ei-lO vitorioso, atraindo as multidões ao Seu incomparável amor.

Agora, novamente Ele sairá dos escombros para as glórias da imortalidade, conduzindo o Seu rebanho.

A Terra aformoseia-se com as conquistas do amor em toda parte, rumando para alcançar também o seu destino de mundo de regeneração.

Joanna de Ângelis/Divaldo Franco

Capítulo 5
Resistência ao mal

Ensinou-nos Jesus a não resistirmos ao mal, o que faculta a alguns discípulos apressados do Evangelho acreditarem na impossibilidade de serem vitoriosos na luta de aprimoramento moral.

Muitas vezes é necessário evitar o enfrentamento com o mal pela simples razão de ele ser destituído de ética, de princípios que dignificam a pessoa.

Acreditando no valor das resistências pessoais, há quem defenda a tese de que a melhor maneira de destruir o mal é não o temer, favorecendo a sua ocorrência e, então, entrando em luta para exterminá-lo.

Eis aí o grande equívoco, porque o mal deseja o desequilíbrio, a luta desastrosa e nunca edificante, o crime e todo o seu cortejo de desastres morais e espirituais.

O mal, em si mesmo, não são apenas os prejuízos causados por outrem, dando lugar a distanciamentos cruéis, a perseguições desesperadoras, a reações nervosas carregadas dos venenos do ódio que levam a surdas ou clamorosas vinganças.

Deseje a criatura combater o mal que se generaliza, permita-se uma autoanálise e anote aquelas manifestações de

CORTEJO
(Fig.) O que acompanha algo, o que serve de acompanhamento.

primarismo do instinto e inditosos planos do egoísmo, na manutenção do orgulho pessoal e das paixões primárias.

Enquanto houver sentimentos reativos ditados pela presunção e a sua fatuidade, multiplicar-se-á a perigosa conduta do ser invigilante e soberbo.

Faz parte do processo civilizatório das massas a experiência do sofrimento, esse artífice dos valores enobrecedores da angelitude.

Toda obra tem as suas fases delicadas, que exigem atenção e denodo.

De igual maneira, nos relacionamentos existem os momentos e períodos de transe afligente, em razão de fatores de diferenciadas categorias, desde as disposições emocionais que resultam, muitas vezes, do estágio da consciência do sono, quando o Espírito experiencia vivências perturbadoras, encontros e lutas com adversários desencarnados, viagens astrais a regiões infelizes, conúbios com antigos relacionamentos desditosos.

O despertar apresenta o ressumar das ocorrências afligentes, que se somam às questões do processo social no qual todos se encontram envolvidos.

A fim de que o equilíbrio faça parte do cotidiano, indispensável que a mente asserenada comande os equipamentos orgânicos com descargas contínuas de energias benéficas que haure na meditação, na prece, na reflexão, nas paisagens de beleza e harmonia do próprio planeta.

Normalmente, o comportamento social é feito de ansiedades e de buscas sonhadas como dádivas e conquistas de felicidade.

São incontáveis aqueles que logram esse êxito exterior, que se destacam na comunidade, fazendo-se invejados nas falsas amizades sob as luzes dos holofotes da ilusão.

Essa é a visão de fruir-se prazeres mesmo antes das conquistas espirituais do amor e da fraternidade. Por consequência, desde cedo são empurrados para as vitórias sociais e humanas a qualquer preço, devastando os sentimentos que não dispõem de maturidade nem consciência da razão.

Não resistas ao mal.

FRUIR
Desfrutar, gozar, utilizar (vantagens, benefícios etc.).

Os conceitos de paz e prazer estão sempre adstritos aos jogos orgânicos, às sensações, aos sonhos que se transformam, não raro, em pesadelos.

A reflexão em torno da real finalidade da existência terrestre responde pela conquista de maturidade e da compreensão de que, na transitoriedade do corpo, os fenômenos orgânicos impõem satisfações e desconfortos variados, extravagantes e exigentes.

Desse modo, permite-te o hábito da análise em tudo que te acontece e procura generalizar o bem que desfrutarás.

O sentido da vida é a conquista de si mesmo, isto é, sobrepor o espiritual a todas as injunções materiais.

Nessa batalha mental e psicológica em que te vês aflito, recorda Jesus, convida-te a passear com Ele numa das Suas jornadas que o Evangelho descreve e fruirás antecipada alegria estranha e razão para viver com tranquilidade.

Perceberás que as tuas preocupações e desencantos, afinal, em relação às dores do mundo, quase nada significam.

Tens o conhecimento da Verdade, já libaste o licor dulcíssimo das Suas palavras e sentes-Lhe a presença sempre que recorres ao Seu auxílio.

Afinal de contas, toda experiência exige esforço, e, quando não se coroa do êxito aguardado, faculta-lhe meios para consegui-lo mais tarde, em outras circunstâncias.

ADSTRITO
Que está unido, ligado.

LIBAR
Beber.

DULCÍSSIMO
Extremamente doce; docíssimo.

Divaldo Franco · Joanna de Ângelis

EGO
O ego é uma instância psíquica, produto das reencarnações, e que, em determinada fase do desenvolvimento humano, corrompe-se pelo excesso de si mesmo, perverte-se à medida que se considera o centro de tudo, aliena-se como se fosse autossuficiente.

BRINDAR
Dar ou oferecer brindes; obsequiar, presentear.

AFORMOSEAR
Tornar(-se) formoso; alindar(-se), embelezar(-se).

DESTRINÇAR
Separar os fios ou as fibras de; desenlear, desenredar.

RAMAGEM
(M.q.) Rama; conjunto dos ramos de uma planta.

BLANDÍCIA
Gesto ou palavra de carinho ou ternura; afago, carícia, blandimento.

Considera que aquilo que hoje não tens não te faz falta, é mais um capricho do *ego* do que uma necessidade real.

Quantos se felicitam com muito menos do que possuis e quantos outros vivem atormentados mesmo possuindo tudo o que gostarias de possuir?

A satisfação íntima independe dos caprichos exteriores e resulta da lucidez acerca de tudo quanto a Vida colocou em teu caminho para a tua evolução.

Treina mais ser do que possuir, porquanto o que és segue contigo, enquanto todos os recursos exteriores, por mais valiosos e significativos, sempre permanecem, passando de proprietário.

Assim sendo, busca desfrutar dos tesouros de amor e de sofrimento com os quais és brindado pela jornada evolutiva. Nem ansiedade por aquilo que parece faltar nem, de igual maneira, apego ao que te pertence.

Não te preocupes, portanto, em melhorar o mundo mediante aparências equivocadas, cuidando de viver com alegria, numa segura demonstração de que o mundo é o que tens, com os demais, feito dele.

A Terra aformoseia-se com as conquistas do amor em toda parte, rumando para alcançar também o seu destino de mundo de regeneração.

❖

Jesus não aceitou o mal daqueles que O perseguiram e O mataram.

Deixou-o para os seus cultivadores que, até hoje, ainda não se destrinçaram das suas ramagens asfixiadoras.

Não resistas, pois, ao mal, dilui-o nas blandícias do bem.

Educa os sentimentos em relação aos objetivos da existência e verifica o muito que te deves empenhar para preservar a vida física e prolongá-la.

Joanna de Ângelis/Divaldo Franco

Capítulo 6
Suicídio infeliz

Quando estejas sobrecarregado de desencantos e experimentes abandono e solidão, antes de atirar-te ao abismo sem retorno do autocídio, oferta-te uma nova oportunidade.

Lastimas o extremo padecimento, as perseguições de que te sentes vítima e nessas paisagens belas da Natureza somente vês as sombras ameaçadoras e os desastres; deves ser a única pessoa que, entendendo a desgraça, poupa-se a mais uma perversa, que é a do suicídio.

Para todos os equívocos sempre existe forma de retificação, mas para o suicídio não existe alternativa para evitar-lhe as tremendas consequências.

Alegas que ninguém te vê na aflição que te devora, que nada é feito em teu benefício, somente desconcertos e angústias povoam tua mente, e concede-te com urgência mais tempo, nova oportunidade.

As ocorrências na jornada orgânica são muito complexas e dependem de incontáveis fatores nem sempre esperados.

Muitos indivíduos que hoje se encontram no topo da glória e da fortuna constatam que não desapareceram vários sofrimentos de que esperavam libertar-se. Porque se sentem

AUTOCÍDIO
(M.q.) Suicídio.

LASTIMAR
Manifestar lástima por; lamentar, deplorar.

PADECIMENTO
Ato ou resultado de padecer; dor, sofrimento (físico ou moral).

RETIFICAÇÃO
Ato, processo ou efeito de retificar(-se), de tornar(-se) reto, exato; alinhamento, correção.

seguros na postura gloriosa sob a inveja dos aficionados, permitem-se satisfações absurdas, desequilíbrios na busca de mais prazer, de gozo interminável.

Porque se acostumaram a ter tudo, pensam que se podem permitir loucuras e exceções, embriagar-se e degradar-se cada vez mais.

Noutras circunstâncias, recordam-se com amargura e revolta em relação à infância e à juventude ricas de pobreza, carências e prejuízos morais para sobreviverem.

Não lhes satisfaz a conquista de quanto sonhavam, do topo, de conseguir tudo quanto querem.

É claro que nem sempre o alcançam, e as feridas do passado que não foram cicatrizadas novamente se abrem, quando, por acaso, já se encontravam em processo de recuperação.

Na abastança e no luxo também existe a miséria dourada que escorrega sobre os tapetes raros e se oculta nos tecidos custosos das cortinas belas dos seus palácios e mansões.

Traições inomináveis, ódios bem disfarçados, dissimulações teatrais bem urdidas enganam os poderosos junto aos seus cofres, onde são guardados documentos e valores preciosos.

Desse modo, enxameiam nas classes sociais aqueles que se consideram fracassados, em razão de não haverem conseguido as glórias socioeconômicas e por falta de estrutura moral sucumbem ao suicídio quando deveriam esperar um pouco mais.

Carência de hoje pode converter-se em abundância de amanhã, e vice-versa.

Enfermidade de agora com desengano da saúde pode reverter-se, da mesma maneira que pode ocorrer de os protótipos da beleza e do equilíbrio psicofísico degenerarem, sucumbindo sem forças em lamentáveis condições.

Não há, no entanto, razão para a fuga covarde do suicídio. Como acreditar-se no desaparecer da consciência, quando diariamente se adormece e logo se desperta com lucidez?

> ABASTANÇA
> Excesso de provimentos e haveres; abundância, riqueza.

Onde, nesse ínterim, o pensamento esteve, pois que parecia inexistente?

Passado o *sono* da morte, há o despertar da vida com toda a sua carga de emoções e lembranças.

O fugitivo do corpo acorda conforme se encontrava, agora aturdido com os instrumentos usados para a sua consumpção.

ÍNTERIM
Intervalo de tempo entre dois fatos, ou entre o presente e um acontecimento no passado recente.

CONSUMPÇÃO
Ato ou efeito de consumir(-se); consumição.

❖

A vida humana é mais complexa do que parece. Células em banhos mornos transformando-se em sentimentos, e energia eletromagnética da massa encefálica produzindo o *milagre* do existir com as suas faculdades.

Será que os fenômenos psicológicos de toda ordem são apenas consequência das transformações de ondas e vibrações que facultam entender as glórias da atualidade?

Quando se entender que o corpo fornece apenas os equipamentos que decodificam as emissões mentais que geram formas e atos, certamente o amor a si próprio será poderoso antídoto ao suicídio.

Os elementos celulares desconectam-se, mas a energia psíquica que os vitaliza permanecerá na sua indestrutibilidade.

Educa os sentimentos em relação aos objetivos da existência e verifica o muito que te deves empenhar para preservar a vida física e prolongá-la.

Aprofunda a mente nas questões do ser humano e considera que tudo é transitório em projeto de imortalidade espiritual.

Faze uma comparação entre o tu de ontem e o de hoje. Quanto ocorreu que jamais imaginaste?

Desafios promoveram-te, facilidades falsearam os teus objetivos.

ENCEFÁLICA
Referente a encéfalo (cérebro).

ANTÍDOTO
(Por ext.) O que evita ou corrige (vício, defeito, estado de depressão psicológica, paixão etc.); corretivo, remédio.

Ademais, há adversários espirituais que te invejam e perseguem.

Ora e os envolve em harmonia.

Faze o bem e sentirás o seu magnífico efeito.

Confia em Deus e viverás bem mais feliz.

Liberta-te do bafio mórbido da psicosfera terrena e alça-te às alturas da fé e da paz.

> **BAFIO**
> Cheiro peculiar ao que é ou está úmido ou privado de renovação do ar; bolor, mofo.

> **MÓRBIDO**
> Oriundo de ou que denota desequilíbrio psíquico; que apresenta alguma anormalidade; doentio.

❖

As alarmantes estatísticas a respeito do suicídio são terríveis.

Os seres humanos perderam o contato com Deus, por essa razão as alucinações do prazer despertam os mais tormentosos anseios do sentimento que se não satisfaz com o vazio interior.

Volta ao sublime tabernáculo da fé religiosa raciocinada e respeita a vida, sempre presente em tudo e em todos.

Viverás sempre e nada poderá aniquilar-te.

Depois da gloriosa transfiguração do Mestre Jesus no Monte Tabor, quando esteve com os Seus antecessores Elias e Moisés, Ele desceu à Planície do Esdrelon para atender ao obsidiado e aos aflitos da miséria humana.

Ascende tu e aspira as vibrações do Reino de Deus para prosseguires em triunfo nas baixadas do mundo com as criaturas lutando sem suicídio.

> **TABERNÁCULO**
> Santuário portátil onde os hebreus guardavam e transportavam a arca da aliança e demais objetos sagrados.

> **OBSIDIADO**
> Perturbado; molestado; assediado.

> **ASPIRAR**
> Cheirar com força; absorver, inalar.

Revive a presença de Jesus na Terra e insculpe as suas lições na tua conduta, neste momento em que o mundo tem sede de luz e de paz...

Joanna de Ângelis/Divaldo Franco

Capítulo 7
A grande esperança

O cepticismo dominava as massas desarvoradas, encontrando-se a fé apenas em reduzidos grupos de perseverantes Espíritos fiéis às leis mosaicas.

Israel estorcegava sob governos arbitrários e perversos, chegando ao cúmulo de ser comandado por insensíveis mandatários não judeus.

As lutas políticas incessantes e os interesses inconfessáveis, que lutavam em contínuas desavenças, contribuíam para aumentar a miséria social e o desrespeito ao poder.

A submissão aos dirigentes do país facultava a dissolução dos costumes. Embora o Templo de Jerusalém e as sinagogas espalhadas pelo território atraíssem o povo, estavam reservados aos privilegiados, que desfrutavam das ambições sórdidas e se empenhavam em dominar com avidez.

Não havia fidelidade ao Deus Único, que parecia distante.

A Sua voz estava silenciosa fazia mais de quatro séculos, o que permitia os transtornos morais e conveniências desastrosas em toda parte.

Bem poucos israelitas aguardavam que se cumprissem as promessas ancestrais da chegada do Messias.

CEPTICISMO
(M.q.) Ceticismo; falta de crença; descrença, incredulidade, dúvida.

DESARVORADO
Sem saber o que fazer; desorientado, desnorteado.

ESTORCEGAR
Estorcer; contorcer-se de dor, de desespero, de aflição etc.

> **ACALENTAR**
> (Fig.) Dar incentivo a; alimentar, nutrir.

Acalentava-se, sem dúvida, que Ele viria, porém, como um vingador terrível e inclemente, concedendo ao Seu povo glórias e poderes transitórios, porque somente de natureza bélica e orgulhosa.

Naquele período em particular, Roma assenhoreara-se do mundo conhecido e as suas legiões implacáveis impunham-se vigorosas.

> **ASSENHOREAR**
> Tornar-se senhor; apossar-se, apoderar-se.
>
> **LEGIÃO**
> Entre os antigos romanos, grande unidade do exército composta das tropas de infantaria e cavalaria.
>
> **TRIÚNVIRO**
> Cada um dos magistrados da Roma antiga que formavam um triunvirato.

Como resultado de lutas cruéis, o triúnviro Pompeu, por volta do ano 63 a.C., conquistou Jerusalém e, mais tarde, todo o país, que passou a ser governado no período de Júlio César, que nomeou procuradores para que se responsabilizassem pela Palestina, seguido por Antônio, que nomeou Herodes como governador da Judeia e da Pereia... Posteriormente, porém, Herodes foi nomeado, pelo Senado Romano, rei dos judeus, e a dominação se estendeu até o século II d.C.

Herodes, que passara a ser conhecido como *o Grande*, não era judeu, mas idumeu, governou o país com crueldade, a ponto de ser um consumado homicida que, após matar sacerdotes, pessoas influentes da cidade, alguns dos próprios filhos e a esposa, Mariana, que era asmoniana, com o seu temor de uma revolução popular, fez-se temido e odiado...

Em mecanismo de defesa, construiu diversos palácios, inclusive a Fortaleza de Massada, em pleno Deserto da Judeia.

O seu governo de terror esteve sob o patrocínio do imperador Otaviano, que muito trabalhou pela paz de Roma em toda parte durante a sua governança.

Nada obstante, Herodes prosseguiu com o seu medo patológico de perder o país para outro, instaurando perseguições que não cessaram durante todo o seu reinado.

> **PATOLÓGICO**
> Mórbido, doentio.

Caluniando a esposa de praticar adultério, obrigou a genitora a confessar o crime da filha, assim fazendo sob ameaça de também perder a vida...

Foi nesse período de turbulências incessantes e de terror, em que o ser humano valia menos do que um animal de carga, misturando-se com a miséria moral de todo porte, que surgiu a esperança de salvação para a Humanidade.

A dor da plebe e dos agricultores que deixavam seus campos para procurar as cidades, onde talvez pudessem encontrar pão e paz, fazia que os núcleos humanos nas urbes aumentassem incessantes e o crime como o desconforto se tornassem insuportáveis.

Foi nessa paisagem humana que Jesus nasceu, silencioso como uma estrela, que espalha luz e não produz ruído, havendo seus pais elegido uma gruta calcária onde os pastores das cercanias de Belém de Judá guardavam os seus rebanhos no inverno e nas noites frias, porque na cidade, que aguardava o recenseamento, não havia lugar, metaforicamente, como ainda hoje não há lugar para Ele, pelas vaidades humanas e alucinações do orgulho vão.

A psicosfera do planeta se alterou para um clima de harmonia possível, e os seres sublimes desceram à Terra não mais como conquistadores, e sim como pensadores, poetas, estatuários, artistas em geral e até pacificadores...

Iniciou-se um particular período na sociedade de Israel, que Ele produziu com as Suas palavras e Seus feitos.

Descendo de Nazaré, onde residia com Seus pais, em Cafarnaum convidou os companheiros que participariam da construção do Reino de Deus nos corações humanos.

As Suas palavras doces e candentes iluminavam as sombras da ignorância em toda parte, dando começo à vivência da verdade e dos sentimentos nobres, destruídos anteriormente pela insânia que dominava o país.

PLEBE
(Por ext.) A classe social mais baixa de um povo.

URBE
(M.q.) Cidade; aglomeração humana.

ESTATUÁRIO
Que ou aquele que cria estátuas; escultor.

CANDENTE
Que está ardendo em brasa.

INSÂNIA
Condição do que é ou está insano; loucura, demência, insanidade.

Ele revolucionou a forma da convivência social e instalou o amor como a solução para todos os problemas da Humanidade.

Ninguém que O houvesse igualado. Seus conceitos, baseados nas leis e nos profetas, completavam-nos, oferecendo divino pábulo para a sustentação edificante das vidas.

> **PÁBULO**
> (Diacr.) Aquilo que mantém, que sustenta; alimento, sustento.

Seus feitos, incomparáveis, superam tudo quanto antes ocorrera e jamais sucederia no prolongamento dos tempos.

Amou até o sacrifício pessoal, oferecendo-se ao martírio, como jamais alguém o houvesse realizado.

> **MARTÍRIO**
> Tormentos e/ou morte infligidos a alguém em consequência de sua adesão a uma causa, a uma fé religiosa, esp. à fé cristã.

Desprezado, perseguido, infamemente julgado e crucificado, jamais se desdisse e tornou-se Modelo e Guia para todos os tempos do futuro.

...E, após a morte, retornou em pujança de amor, para que os Seus discípulos não desanimassem no ministério.

> **PUJANÇA**
> Grandeza, magnificência.

❖

Jesus é insuperável!

O Seu Natal é o momento em que, tomando a forma humana, ensinou-nos a viver conforme os padrões éticos da imortalidade na qual todos nos encontramos mergulhados.

Aproveita estes dias que precedem àquele que nasceu entre nós e celebra-O no ádito do teu coração.

> **ÁDITO**
> Santuário secreto; qualquer recanto secreto, reservado.

Revive a presença de Jesus na Terra e insculpe as Suas lições na tua conduta, neste momento em que o mundo tem sede de luz e de paz, crescendo em amor tanto quanto já foi conseguido em tecnologia e Ciência, passando a possuir as asas da paz, a fim de alçar-te ao Paraíso, onde Ele a todos nos espera.

O grande progresso moral da Humanidade está germinando, e em breve, à semelhança da bonança que sucede à tormenta, vê-lo-ás em toda parte, num hino de louvor à vida e ao amor. Faze parte desse alvorecer e sê feliz desde agora.

Joanna de Ângelis/Divaldo Franco

Capítulo 8
Confia e espera

Na avalanche dos problemas que a cada momento assalta a sociedade terrestre, experimentas angústia por constatares que o processo de crescimento moral é lento, enquanto a desarmonia e os desastres dão-se com rapidez surpreendente.

AVALANCHE
Tudo o que arremete ou invade com ímpeto.

Examinando a mesma ocorrência nos comportamentos desastrosos, pensas que a chamada evolução teve lugar apenas na horizontal dos fenômenos e mecanismos tecnológicos, enquanto tragicamente a loucura e o despautério individuais e coletivos cresceram demasiadamente.

DESPAUTÉRIO
Dito ou ação absurda, grande tolice; despropósito, disparate, desconchavo.

A óptica atual é a busca do prazer pelo desfrutar das licenças morais sem qualquer equilíbrio, com ameaças de mais terríveis consequências.

Tudo está permitido, inclusive as ações deletérias, justificado de forma a atender as correntes vigorosas do cinismo e da indiferença pelo bem.

DELETÉRIO
Insalubre; danoso, nocivo; degradante.

As tentativas da honestidade e dos valores humanos encontram barreiras fortes e oposição bem organizada, de forma a impedir-lhe as providências de realizações edificantes.

> **DESAR**
> (M.q.) Desaire; revés da fortuna; desgraça, derrota.

> **VIGER**
> Ter vigor, estar em vigor; ter eficácia, vigorar.

> **VERBETE**
> Conjunto das acepções, informações e exemplos relativos a uma entrada de dicionário, enciclopédia ou glossário.

A insensatez governa grupos antes respeitados, e a timidez, a angústia assenhoreiam-se de muitos idealistas que abandonam a luta nobre amedrontados.

Os relacionamentos de amizade que sustentam as criaturas apresentam-se confusos e desnorteados. Escasseiam a fidelidade e o respeito pelo outro, facultando espaço à calúnia e à maledicência na programação do desar.

A desconfiança assinala os afetos, e a não entrega pessoal, sempre em receio da traição e da maldade, substitui o espírito de solidariedade que deve viger nas verdadeiras emoções do amor.

Cultiva-se o pessimismo e controla-se qualquer realização edificante com suspeita e desencanto.

A promiscuidade moral disfarça-se com verbetes interessantes nas redes sociais dos mecanismos de comunicação, elegendo-se condutas exóticas e enfermas como modelos a serem imitados.

Milhões de vidas entregam-se à futilidade, e o palco terrestre exibe novos modelos cada vez mais jovens competindo através de aberrações com os mais vividos.

As estatísticas das separações afetivas são alarmantes, e o amor é transformado na conquista ousada de novos parceiros mais irresponsáveis do que aqueles que foram abandonados.

Sempre surgem mais graves escândalos, cada qual mais extravagante do que o anterior.

É desnecessário afirmar-se que o caos assenhoreou-se da Humanidade.

O ser humano perdeu o endereço ético da dignidade e não parece sentir-se constrangido quando está fora do padrão, do *politicamente correto*, mesmo que seja aberrante e agressivo.

Desapareceu a medida do equilíbrio, e os destaques são sempre para as condutas vãs e escandalosas, as acusações mais chocantes e as perversões mais primitivas.

Mundo regenerado

Tantos milênios de sementeira de valores morais, e na atualidade uma colheita mínima de resultados, o que está produzindo os desmandos espirituais que acontecem no mundo.

Apesar desse quadro, confia e espera!

De bom alvitre recordar-se que também se multiplicam os emissários da Vida imortal, inúmeros deles expondo-se ao sacrifício para viverem conforme as diretrizes do Evangelho de Jesus.

Vozes se levantam, aparentemente solitárias, proclamando as benesses do amor, do equilíbrio moral, dos limites em relação à conduta saudável num aparente deserto de gente...

A princípio parecia inútil esse esforço, mas ele se vem multiplicando de tal forma que já constitui uma esperança e uma certeza de melhores dias para a Humanidade.

Periodicamente o planeta atravessa períodos semelhantes de pandemias físicas e morais, de alteração da cultura e do renascimento da beleza e do bem, desenvolvendo as nações e os indivíduos.

Este é um momento de alta significação no calendário cósmico da evolução da Terra.

Depura-se mediante a oportunidade de exilar os réprobos por espontânea vontade e a apressar a marcha dos mansos e pacíficos para o Reino de Deus.

Esses párias, que respondem no luxo e na alucinação de suas existências tormentosas, experimentam uma última tentativa de resolução das suas íntimas insatisfações, devorados por verdugos desencarnados a eles semelhantes, e serão no futuro página de preciosas lições durante o processo de seleção dos eleitos.

ALVITRE
Aquilo que é sugerido ou lembrado; proposta, conselho.

DEPURAR
Purificar, livrar (algo, alguém ou a si mesmo) [de mácula ou pecado]; mundificar(-se), purgar(-se).

RÉPROBO
Que ou aquele que foi banido da sociedade; malvado, detestado, infame.

PÁRIA
(Por ext.) Pessoa mantida à margem da sociedade ou excluída do convívio social.

VERDUGO
Indivíduo cruel, que inflige maus-tratos a alguém; algoz; carrasco.

Desse modo, não desesperes nem te intimidem as artimanhas do mal e das suas mentirosas vitórias.

Acompanha-os com a tua compaixão, segue adiante e não percas tempo com eles, em discussões infrutíferas ou esforços dispensáveis.

Eles não estão esquecidos das Soberanas Leis que mantêm a ordem universal em representação do Pai Celestial.

Vai além e segue trabalhando.

Confia em Deus.

Compara aqueles de conduta correta com os ases e os vitoriosos de um dia, noutro mais ao abandono, substituídos, esquecidos e ridicularizados pelos seus antigos bajuladores...

Conheces Jesus e sentes o Seu apelo para que trabalhes na Sua seara.

Ergue-te e luta com as armas da bondade, da afeição pura, da caridade.

Hoje é o teu dia de servir com abnegação.

Faze o bem, qualquer que seja, por mais insignificante pareça.

Triunfa sobre a hipnose espiritual inferior que te tenta submeter e deixa-te atrair pelo magnetismo do Amor do Cristo de Deus.

❖

O grande progresso moral da Humanidade está germinando, e em breve, à semelhança da bonança que sucede à tormenta, vê-lo-ás em toda parte, num hino de louvor à vida e ao amor.

Faze parte desse alvorecer e sê feliz desde agora.

ÁS
(Fig.) indivíduo que sobressai entre uma coletividade pelo que faz ou sabe.

SEARA
Extensão de terra cultivada; terra que se semeia depois de lavrada.

ABNEGAÇÃO
Ato ou efeito de abnegar; sacrifício voluntário dos próprios desejos, da própria vontade ou das tendências humanas naturais em nome de qualquer imperativo ético.

BONANÇA
Tempo calmo, com vento fraco e mar tranquilo.

TORMENTA
Tempestade violenta, sobretudo no mar; temporal, borrasca.

ALVORECER
Ter início; principiar.

Em qualquer circunstância na qual estejas, lembra-te de Jesus, que as experimentou diversas vezes e jamais perdeu o roteiro para o Reino dos Céus.

Joanna de Ângelis/Divaldo Franco

Capítulo 9
Alegra-te sempre

Quando estejas diante dos triunfadores terrestres, aqueles que são laureados pela glória momentânea e galardoados pelos recursos financeiros da mídia, do aplauso, da inteligência, mantém-te feliz com os seus sorrisos, auxiliando-os na alegria que os invade.

Em muitos casos estão chegando à etapa anelada de uma existência assinalada por sofrimentos que ignoras e conseguiram disfarçar.

Quem os veja no júbilo atual não pode atinar com o preço que lhes foi exigido nos dias passados e tiveram que suportar sem desistir de viver.

Grande número desses ases foi carregado de infâncias ao abandono, no desprezo, na miséria de toda ordem.

Eles, porém, não se entregaram ao desalento, submeteram-se a situações deploráveis e humilhantes para chamarem a atenção.

Tiveram os sentimentos do amor e da dignidade amesquinhados e, considerados desprezíveis, resolveram não desistir.

Não ganharam um lugar ao sol em razão dos débitos doutrora, mas trouxeram sonhos que passavam como pesadelos infaustos, cruéis.

LAUREAR
(Fig.) Render homenagem a; aplaudir, festejar, homenagear.

GALARDOAR
Conferir prêmio ou galardão a, por algum serviço ou merecimento; premiar, compensar, engrinaldar.

ANELADO
Muito cobiçado; desejado, ansiado, apetecido.

JÚBILO
Alegria extrema, grande contentamento; jubilação, regozijo.

ATINAR
Descobrir por dedução, perceber por algum sinal, probabilidade etc.; enxergar, perceber, acertar.

DEPLORÁVEL
Que provoca pesar ou consternação.

INFAUSTO
Infeliz, desditoso, desgraçado.

Não poucas vezes se permitiram situações e comportamentos degradantes para poderem adentrar-se no grupo dos poderosos e serem vistos.

O êxito chegou-lhes como um fruto ainda amargo, a fim de que se pudessem recuperar para servir.

A beleza, a galhardia, o destaque, que se encontram no tapete vermelho da glória, foram os mesmos requisitos que os tornaram indignos sob as circunstâncias vigentes entre os poderosos sem escrúpulos.

Agora que alcançam o pódio, estão marcados por males psicológicos e dramas emocionais que os tornam indiferentes aos padecimentos dos outros, ou que são obrigados a criar uma dupla existência, ocultando a sua *sombra* perversa e dorida...

Eles conhecem esses caminhos e, se por acaso não possuem estrutura moral, deixam-se consumir pelos prazeres absurdos, caminhando no escuro do passado e perdem-se.

Desse modo, não os invejes, nunca invejes ninguém.

A tua admiração pelas suas conquistas transforma-se em estímulo para cresceres e chegares à meta da tua existência digna.

Todos os indivíduos, por mais brilhantes, têm a sua *sombra*, o seu *lado escuro*, que tudo fazem para ocultar.

Não escarafunches as veredas por onde transitaram, respeitando-os nas suas dificuldades e imposições.

Assim sendo, não invejes nunca a gloriosa situação em que outrem se encontra.

A inveja é veneno interior e onda magnética carregada de vibrações destruidoras.

Expressa mesquinhez de quem a cultiva e infelicidade interior por ainda se encontrar em fase secundária da evolução.

Ademais, é recurso mental e emocional manipulado por Espíritos inferiores que atormentam aquele que a experiencia como o outro a quem dirige a energia deletéria.

Ante a conquista de alguém que te fascina e estimula-te a crescer e superar desafios, sem mancomunações com os esquemas da desonra e do crime, fica alegre diante da demonstração de que também poderás conseguir o melhor se perseverares com entusiasmo e ação correta.

MANCOMUNAÇÃO
Ação ou efeito de mancomunar(-se); conluio, combinação, mancomunagem, mancomunidade.

Provavelmente, não serás aceito a princípio, no entanto, se insistires no crescimento intelecto-moral, serás distinguido pelas qualidades inegáveis de que serás portador. Por mais se procure impedir a luz solar de alcançar a Terra, ela continuará insistindo.

Cada qual vale o que é, e não o que se supõe.

A História narra extraordinárias existências de mulheres e de homens que foram achincalhados, perseguidos e, sem nenhuma possibilidade de vencer os abismos que defrontaram, tornaram-se heróis e verdadeiros herdeiros de Deus em todos os seus empreendimentos.

ACHINCALHAR
Escarnecer de (algo, alguém ou si mesmo), considerar(-se) ou fazer(-se) parecer risível, sem valor; ridicularizar(-se).

A Humanidade, porém, necessitou deles e, no seu momento, ei-los presentes para mudar o rumo do progresso. Subestimados fizeram-se conquistadores e heróis, apóstolos e sábios despreocupados com a aceitação ou não do seu valor, mas conscientes do ministério que vieram exercer.

Gigantes com aparência minúscula promoveram a sociedade e vêm eliminado a desonra e os loucos objetivos dos inimigos do progresso e do bem.

Assim, diante dos triunfantes, ora por eles e admira-os pela coragem e valor moral que tiveram para vencer as prisões sem grades dos lugares onde suportaram as marcas do fogo e prosseguiram até o momento final...

Eles estão a serviço da Lei Divina, construindo um mundo sempre melhor para si mesmos e a sociedade na qual se encontram.

Por outro lado, não conspurque os que tombaram, por não terem tido forças para suportar a carga pesada da fama e as exigências da nova situação complexa que devem vivenciar.

Não se permitiram contaminar pelo horror da peste do suborno, do mercantilismo, da indiferença moral dos seus cargos e encargos, sendo atropelados pelos voluptuosos que os esmagaram.

Não venderam *a alma a Satanás*, a fim de permanecerem no falso brilho do fausto enganador.

Nunca te esqueças de que tudo é muito rápido no tempo terrestre, e a gangorra das mudanças está sempre em movimento, elevando e rebaixando os que nela se acolhem.

Quando estiveres por cima, preserva o equilíbrio, porque há outros te puxando a fim de tomarem o teu lugar.

Cumpre, portanto, com o teu dever onde estejas e como te encontres.

Transitória é a glória terrestre, assim como o é a desventura no mundo.

Avança com a consciência íntegra e sempre alegre.

Em qualquer circunstância na qual estejas, lembra-te de Jesus, que as experimentou diversas vezes, porém jamais perdeu o roteiro para o Reino dos Céus.

Mantém-te vinculado a Ele e sê feliz sempre.

Nunca te sobrestimes no comportamento social, acreditando que estás assinalado para o sucesso que te aguarda com facilidade.

Joanna de Ângelis/Divaldo Franco

Capítulo 10
Resignação

A resignação é uma virtude pouco considerada na vilegiatura humana, dando lugar a aflições perfeitamente dispensáveis ao processo evolutivo existencial.

Quase desconhecida, a resignação é a natural aceitação das ocorrências perturbadoras no dia a dia de todas as criaturas.

Conscientizando a respeito do insucesso não esperado num empreendimento, faculta o reexame tranquilo do acontecimento negativo, abrindo possibilidades de reiniciá-lo em nova óptica com o mesmo entusiasmo da vez anterior.

Quase sempre, quando algo tem lugar negativo numa realização, o indivíduo permite-se a dominação do *ego* no seu procedimento, considerando absurdo o resultado desagradável e se entrega à revolta ou ao desânimo, exatamente quando por um pouco de esforço encontra-se preparado para o êxito.

Resignação é o estado de consciência do dever cumprido e da incapacidade de executá-lo de forma a resultar da maneira feliz esperada. Quando se aguardam resultados sempre favoráveis, vive-se numa redoma de presunção que resulta do egoísmo exacerbado.

VILEGIATURA
Temporada que se passa fora da zona de habitação habitual (nesse caso, durante a experiência carnal na Terra).

REDOMA
Espécie de campânula de vidro para proteger objetos delicados ou alimentos.

EXACERBADO
Que se exacerbou, que se excedeu.

O aparente erro constitui ocasião para aprimoramento da habilidade de bem desempenhar as tarefas que promovem o progresso.

Quem não está emocionalmente preparado para o erro, para o equívoco, menos está capacitado para o êxito. Como todos são seres falíveis na pauta das realizações, acerto e engano são probabilidades finais de toda ação significativa.

A resignação ante um acontecimento negativo valoriza o aprendiz para conservar-se humilde perante a grandeza da Vida.

Por mais se agigante a capacidade de conhecer, de saber sempre, está-se na condição de um *verme pensante* contemplando a magia surpreendente do Cosmo nas suas mais gloriosas facetas.

Enquanto se está fixado em termos de limites, muito fácil se lhe torna abarcar o conhecimento reduzido, mas benéfico à existência. Todavia, quando se alarga a visão em direção ao Universo, todas as possibilidades de entendimento esbarram na infinitude das suas expressões gloriosas.

Desse modo, aprende que luta é caminho de ascensão, mas que vitória é algo que somente se pode anelar após as experiências repetidas nas etapas iniciais.

Aprende, portanto, a aceitar o insucesso com a mesma atitude de resignação que se espera quando a empresa é desafiadora.

❖

Nunca te sobrestimes no comportamento social, acreditando que estás assinalado para o sucesso que te aguarda com facilidade.

Para tanto, recorres ao tentame desafiador para descobrires onde te equivocaste, e o que te parecia correto desviou-se do rumo reto, levando-te ao desar inesperado.

Em face do raciocínio, não desistas das tuas aspirações caso não consigas a vitória aos primeiros tempos.

Muitas vezes é necessário insistir, aprimorando a capacidade do entendimento para os resultados felizes mais adiante no futuro.

Muitos candidatos ao progresso desiludem-se de insistir e continuar quando não são abençoados pelos bons resultados no empreendimento.

A negativa de agora cujo êxito seria precipitado e não próprio para o empreendimento, considerando as circunstâncias do porvir, que ofereciam campo para o prosseguimento se assim houvesse ocorrido.

Aprende a compreender os acontecimentos conforme sucedem, e não consoante o desejas.

A tua visão é imediata, resultado de imaturidade psicológica, de inexperiências que te capacitassem alcançar o desejado.

As ocorrências são conforme sua própria constituição, com os seus mecanismos especiais, e não de acordo com os vários critérios de observação e desejo de cada pessoa.

Toda meta final é desafiadora, razão pela qual é a etapa última para a conquista de um objetivo, abrindo possibilidades para mais audaciosos passos.

Algumas delas exigem reencarnações sucessivas dos seus candidatos.

Eis por que muitos inventos surpreendem, dando a impressão de que os seus responsáveis já os conheciam de alguma forma. Sem dúvida, foram iniciadas as pesquisas antes, em outra etapa evolutiva, e ficaram por terminar, facultando a bênção do tempo, a fim de resultarem concluídos.

Quando alguém se afadiga na luta, tentando terminar um empreendimento com habilidade, ele está repetindo experiência que ficou inconclusa ou cujos resultados não eram os esperados.

PORVIR
O tempo que está por vir, por acontecer; futuro.

CONSOANTE
Que consoa; concordante, concorde, harmonioso.

AFADIGAR
Causar cansaço ou fadiga; cansar(-se), fatigar(-se).

Encontram-se no inconsciente as lembranças incompletas que retornam como tendências a serem realizadas no trânsito atual da reencarnação.

Todas as etapas desastrosas devem ser aceitas resignadamente, para poder-se realizá-las tantas vezes quantas necessárias e culminar nos resultados desejados.

O tempo é inexorável e tem a finalidade de produzir resultados que se encaixam na ordem geral do Universo.

A resignação, nesse caso, é a perfeita compreensão de que ainda faltam valores para completar a atividade.

Quantas vezes os descobridores da Ciência, da arte, da literatura experimentaram e repetiram a sua obra até considerá-la concluída!?

Insiste, portanto, com alegria nas tuas batalhas morais, mantendo a coragem sempre que se faça necessário, e o triunfo chegará com certeza.

IGNARO
Que não tem conhecimento; ignorante, inculto.

Resignado sempre ante a massa ignara que O rejeitava após beneficiar-se, Jesus prosseguiu até o fim, sem qualquer desânimo, e ainda hoje insiste gentilmente para que nossos passos sejam dirigidos para o Reino de Deus.

Resignado, avança!

Cada passo dado à frente é vitória da tua jornada espiritual.

Acende a estrela da esperança nos céus escuros do teu momento de provação e avança no bem mesmo que estejas a sós... aparentemente a sós.

Joanna de Ângelis/Divaldo Franco

Capítulo 11
Temor

Não temas nunca, ser querido, que já despertaste e encontraste com Jesus.

Luz do mundo, ilumina qualquer tipo de treva e ameniza toda desolação.

Despertando o ser humano para o conhecimento da sua imortalidade, concedeu-te a incomparável alegria da perfeição relativa que a todos está destinada.

Há momentos na trajetória existencial em que parece existir uma conspiração hedionda contra as aspirações elevadas do ser humano.

Nubla-se-lhe o discernimento e escurecem-lhe os caminhos pelos quais transita.

Todo e qualquer empreendimento superior que assinala progresso e harmonia altera-se e transforma-se em dificuldade assim como em sofrimento que amarguram os mais nobres sentidos elevados.

Planos bem projetados, anunciando dádivas celestes, são absorvidos por insucessos e desaires que estiolam a alma em sua trajetória.

Afetos que serviram de fonte generosa para a alimentação emocional, onde antes se podiam colher as mais belas

DESOLAÇÃO
Falta de amparo; isolamento, desamparo, solidão, abandono; grande aflição causada por desgraça ou infortúnio; tristeza, consternação.

HEDIONDO
Que é sórdido, depravado, imundo.

DESAIRE
Revés da fortuna; desgraça, derrota.

ESTIOLAR
(Fig.) Enfraquecer-se, debilitar-se.

alegrias, repentinamente se convertem em adversários inclementes e astuciosos, criando embaraços e tumultos a cada passo.

A fé, que ardia em flamas luminosas, parece ter perdido o combustível de manutenção, e o titubeio na convicção transforma-se em dúvidas atrozes, que praticamente conduzem ao desvario e ao tormento da descrença.

Glórias de um momento apresentam-se como desastres estruturais, mostrando o fracasso iminente...

Mesmo assim, com os *joelhos desconjuntados* e as forças debilitadas, não temas.

Quem visse Jesus crucificado acreditaria na vitória do crime e da insolência dos poderosos de mentira... No entanto, todos caíram no olvido, sobrecarregados pelas próprias mazelas, e reencarnaram-se ao longo do tempo sob injunções muito dolorosas.

A sua foi a vitória da ilusão, da calúnia e do vilipêndio, e eles o sabiam mesmo durante os atos reprocháveis que executavam, mas estavam intoxicados pelo orgulho da matéria transitória e não tiveram a força para superar essas paixões alucinantes.

Nunca temas nada. Mesmo que te sintas fraco e talvez inútil, as energias te chegarão provenientes d'Aquele a quem elegeste como o teu Senhor.

Quando perceberes que te perseguem em razão da tua especial conduta, não temas ameaças, porque o teu Amo te defenderá no momento oportuno.

Serás, de certo modo, um estranho, um estrangeiro neste mundo de espertalhões e aventureiros.

Tu sabes que aqui estás em aprendizagem, em renovação do caráter e edificação de uma sociedade justa e melhor.

Certamente não encontrarás aceitação daqueles que estão a serviço da degradação e da ignorância.

De alguma forma já estiveste em um momento do passado como eles no presente.

És feliz porque já despertaste para a realidade e te encontras em ascensão penosa, mas libertadora.

Confia, mesmo que outros ao teu lado desertem ruidosamente ou fujam em sigilo.

> **DESERTAR**
> Afastar-se, abandonar; desistir, renunciar.

Realmente é uma pena, mas recorda que, aonde se vá, leva-se a consciência vibrando e em processo de libertação da anestesia.

Este é um período cruel, sem dúvida, mas ele foi construído pela tua e outras insensatezes no pretérito.

> **PRETÉRITO**
> Que não é do presente nem do futuro; situado no passado.

Não receies esses efeitos e produze novos labores, semeia e semeia o amor, que enflorescerá os teus sentimentos de busca da felicidade.

Acende a estrela da esperança nos céus escuros do teu momento de provação e avança no bem mesmo que estejas a sós... aparentemente a sós.

"Nunca vos abandonarei", asseverou o Mestre.

Não duvides da Sua promessa nem te deixes enfraquecer na luta!

❖

O Consolador é também o teu condutor. Não apenas te diminuirá o pranto, sobretudo seguirá durante a tua convalescença.

> **PRANTO**
> Ato de chorar; choro; ato de lastimar-se; queixa, lamentação.
>
> **CONVALESCENÇA**
> Ato de convalescer; período de transição depois de uma enfermidade, no qual se processa a recuperação gradativa das forças e da saúde.

A vida sempre triunfa sobre o caos, que também faz parte da Vida.

O temor de qualquer natureza é treva, e a coragem bem pontuada e decidida é presença de Cristo vigilante no coração.

Alma querida:

Não temas a ti mesma e entrega-te em paz a Jesus sem passado, num presente atual de encanto, beleza e fé.

O trabalho de educação moral dá-se através da mente saudável, de modo a diluir a ignorância e o primarismo até manter o discernimento edificante e *dourar-se*, isto é, desaparecer a treva e fazer-se brilhante.

Joanna de Ângelis/Divaldo Franco

Capítulo 12
A *sombra* de João Evangelista

Trata-se do mais jovem discípulo de Jesus esse notável filho da zelosa Salomé e do tranquilo Zebedeu.

Nascido em Betsaida (que significa Casa de Pesca), onde residiam muitos *homens do Mar da Galileia*, aproximadamente no ano 10 d.C., ofereceu a existência à Mensagem de Jesus, a Quem conheceu ainda muito jovem.

Ao lado de seu irmão, Tiago, acompanhou o Rabi nazareno desde quando chamado até o momento da Cruz e prosseguiu fiel no mister, sofrendo perseguições, e desencarnou em Éfeso (Turquia).

A ele Jesus entregou a Sua mãe, antes da morte no Calvário, tornando-a genitora da Humanidade, e dele fez o filho, embora nascido em outra carne, outro clã.

Após a Ressurreição Sublime do Divino Amigo, não tergiversou um momento, sendo-Lhe fiel e amado em toda parte, especialmente em Éfeso, onde passou a residir por longos anos, interrompidos pelo período em que esteve exilado na ilha grega de Patmos, por imposição do imperador Domiciano, cruel perseguidor de Jesus e dos Seus discípulos.

Mais tarde, no período de Nerva imperador, já idoso e mais gentil, foi libertado e voltou à sua igreja em Éfeso,

---

MISTER
Tarefa que se deve realizar; incumbência, serviço.

CALVÁRIO
Lugar de crucificações (Gólgota ou monte Calvário) situado nos arredores de Jerusalém, onde Jesus Cristo foi martirizado e morto.

TERGIVERSAR
Virar as costas; usar de evasivas, rodeios ou subterfúgios; inventar desculpas ou pretextos.

tornando a cidade um dos mais respeitados centros da doutrina libertadora.

A sua doçura era cativante e os seus exemplos recordavam o Rabi amado, que procurava imitar com absoluta fidelidade.

Ele participou dos momentos gloriosos da Mensagem: na transfiguração no Tabor, ele estava acompanhado pelo seu irmão, Tiago, e por Simão Pedro, na pesca milagrosa, assim como na multiplicação dos pães e dos peixes, como também na inesquecível *Via Crucis*...

Convivera com Ele, após a luminosa Ressurreição, e tornou-se *carta viva* do Evangelho.

Jamais deixaria de exemplificá-lO, de vivê-lO.

No seu íntimo, clareado pelo amor, pairava, porém, uma *sombra* que se iluminava a pouco e pouco, até atingir o *Self* coletivo e diluir o seu *ego* de tal forma que a ponte dual fez-se por intermédio do amor.

Sua sede de Jesus era tal que sempre se atirava à abnegação, de modo a viver o Amigo, tornando-se o espelho que O refletisse em todos os atos.

Apesar desse devotamento e consciência do que deveria fazer para ser feliz, havia a inquietação defluente do que considerava a sua inferioridade espiritual.

Havendo conseguido fruir uma larga existência física, sendo a última testemunha da Presença, todos desejavam vê--lo, tocá-lo, ouvir-lhe as narrativas.

Fiel à promessa de ser o *filho* da Senhora a partir daquele momento no Calvário, foi buscá-la em Nazaré, na casa de parentes, e a trouxe para o seu carinho em Éfeso, onde realmente se tornou a mãe da Humanidade sofredora.

Todos que passavam pela região e tinham notícias daquela mulher extraordinária buscavam-na para ter notícias do Filho, deixar-se abrasar pela sua ternura e levar o seu exemplo a outras mães.

VIA CRUCIS
(M.q.) Via dolorosa; via sacra; o trajeto seguido por Cristo do Pretório até o Calvário, carregando a cruz.

SOMBRA
Segundo Carl Gustav Jung (1875-1961), psicólogo e psiquiatra suíço, o arquétipo que consiste nos instintos animais coletivos.

SELF
O ego é centro da consciência, o Si ou Self é o centro da totalidade. Self, ou Eu superior, ou Si, equivale a dizer a parte divina do ser.

DEFLUENTE
Que deflui, corre.

Enquanto se encontrava na igrejinha na cidade, no promontório em que residia ela abençoava os transeuntes, amparava os enfermos, narrava os acontecimentos da sublime existência do Menino...

Acompanhou-a com ternura filial até o momento em que desencarnou.

Um pouco antes, acolheu a arrependida Maria de Magdala nos seus últimos momentos físicos, devorada pelas febres e a hanseníase.

No íntimo, desejava viver o holocausto, a fim de igualar-se-Lhe.

Quando escreveu as cartas aos discípulos, e especialmente o *Apocalipse*, iluminou a sombra com as narrativas, em grande parte da obra em razão dos conflitos humanos que remanesciam na conduta desde o berço no lar humilde onde nascera.

A *sombra* não conseguiu em momento algum turvar-lhe o discernimento e o carinho pelo amado Benfeitor, cuja ausência impunha-lhe lágrimas de justa saudade, embora a comunhão psíquica mantida.

Era tão grande a sua afeição e entrega que o Senhor vaticinou que o martírio não o eliminaria, conforme aconteceu.

Foi o único discípulo que teve morte natural mediante o longo desgaste normal dos órgãos.

Ao analisar as dificuldades humanas no processo da evolução, Allan Kardec refere-se às *más inclinações*, que são heranças de existências transatas, muito bem representando a *sombra* junguiana.

O trabalho de educação moral dá-se através da mente saudável, de modo a diluir a ignorância e o primarismo até manter o discernimento edificante e *dourar-se*, isto é, desaparecer a treva e fazer-se brilhante.

Essas más inclinações perturbadoras são as heranças dos instintos predominantes e resultado do processo da evolução

---

PROMONTÓRIO
Parte mais alta; saliência, proeminência, elevação.

TRANSEUNTE
Que não permanece; passageiro, transitivo, transitório.

HOLOCAUSTO
Sacrifício, expiação.

TURVAR
Desequilibrar(-se), transtornar(-se), perturbar(-se).

VATICINAR
Predizer o futuro, fazer adivinhação, profetizar.

PRIMARISMO
Caráter do que é elementar, rudimentar, primitivo.

antropológica, cujas experiências em contínua transformação terminam por manter somente os instintos básicos: dormir, comer e reproduzir-se.

Bem mais tarde, quando transcorridos onze séculos, na personalidade do Santo de Assis, João atingiu o clímax como *cantor das estrelas*, vivendo os dias gloriosos da Galileia e suas regiões que constituíam a sonhadora Israel do Deus Único.

> TURBAR
> Causar ou sofrer perturbação, desequilíbrio, alteração da ordem.

"Tende ânimo" e "não se turbe o vosso coração", para que a sombra perturbadora não abra espaço à verdade e ao amor, confirmando que "sois filhos da Luz", recomendou Jesus.

No predomínio da *sombra* há muitos desafios a vencer, graças aos quais a vitória íntima faz-se mais expressiva e ansiada por todos os viandantes da evolução.

Eis por que enunciou Jesus a respeito da dedicação dos Seus discípulos, quando se refere àqueles que forem fiéis até o fim, não sucumbindo às tentações com devotamento à vigilância e à oração.

> ADMOESTAÇÃO
> (Por ext.) Estímulo ao aprimoramento moral ou espiritual de uma pessoa.

Até hoje as lembranças do apostolado do *Filho do Trovão* – como o denominara Jesus e ao seu irmão, Tiago, admoestando-os docemente, após a explosão do temperamento – permanecem convidando todos ao mesmo ministério de amor e autodoação.

A jornada de sublimação é larga e difícil, o que equivale a dizer: exige o empenho de todas as forças para a superação dos impositivos materiais.

...E o modesto pescador tomou das redes luminosas e alcançou a Humanidade quase toda.

Jamais te permitas perder a irrestrita confiança em Deus, debatendo-se em conflitos perturbadores. Onde te encontres, da forma que te estejas, o que faças e o de que necessites Deus sabe.

Joanna de Ângelis/Divaldo Franco

Capítulo 13
Pureza de coração

Não somente os que têm puro o coração, o sentimento afetuoso, mas também aqueles que se esforçam por adquiri-lo.

Comentas com amargura os dias difíceis que se vivem na atualidade.

Anotas que há um pessimismo e desconcerto emocional muito grande entre as criaturas.

Muitas esperanças e planos superiores que anelaste, que tentaste tornar realidade diluíram-se nos transtornos que tomam conta da sociedade.

Ameaças perversas aumentam em toda parte, e a onda dos crimes é crescente e assustadora.

Aqueles que fazem parte da anarquia organizada ou do sofrimento que se lhes instalou debatem-se na ignorância, aguardando o momento de purificar o coração...

Sentes fraqueza e medo ante o volume de perturbação que grassa nos mais diversos setores da sociedade. Quando terminas de atender um desafio, outro mais expressivo já aguarda solução imediata.

GRASSAR
Propagar-se, espalhar-se, difundir-se.

Escasseiam notícias felizes, tranquilizadoras, e percebes que se tornou normal a tragédia do quotidiano, com as suas respectivas manifestações inesperadas.

Os temas das conversações deixaram de ser otimistas, agradáveis, para a vulgaridade sem medida e os crimes variados que enchem as mídias e produzem desânimo e constrangimento.

Escasseiam divertimentos saudáveis e expectativas enriquecedoras de alegrias e bênçãos.

Permanecem no ar inquietações a respeito do futuro próximo e distante, quase obrigando à vivência do pessimismo e da agressividade.

Revitaliza-te na prece ungida de confiança em Deus e transforma a energia que haurires em compaixão e misericórdia para esses inquietos indivíduos, que não fruem da pureza do coração.

Sentes-te praticamente isolado no turbilhão da violência que toma conta dos seres humanos e os desnorteia.

Permanece no exercício da serenidade, mesmo que pareça difícil, sem ampliar a força do mal pelo receio ou reação defensiva.

Todos eles estão fugindo da consciência perturbada e temem por não haverem conseguido a pureza do coração.

O espectro da maldade e da deslealdade campeia e te sentes dominado pela tristeza de não teres amigos ou em quem confiar.

Faze-te amigo desses arruaceiros que não acreditam na força do amor, oferecendo-lhes amizade, que abre as portas do sentimento para a pulcritude.

Percebes que também estás inquieto e os requisitos de tua fé raciocinada não bastam para sustentar-te no reequilíbrio que oferece o testemunho de um coração puro e afável.

Há momentos que pensas estar delirando, porque continuas fiel aos compromissos do bem, no entanto possuis o

---

UNGIDO
Que recebeu unção.

TURBILHÃO
Movimentação ou dinâmica com muita intensidade.

ESPECTRO
Conjunto ou série de elementos que formam um todo.

PULCRITUDE
Qualidade do que é pulcro; gentil, delicado.

AFÁVEL
Delicado, educado no trato com outrem; amável, cortês.

entendimento de toda mudança, mas todo passo gigantesco do progresso exige destruição das edificações morais negativas do passado.

Os que desafiam as leis pensam que são vítimas da sociedade e que os demais são responsáveis pelos seus vícios e desmandos. E assim procedem porque não têm ideia da real pureza do coração que ama e confia.

Jamais te permitas perder a irrestrita confiança em Deus, debatendo-se em conflitos perturbadores. Onde te encontres, da forma que te estejas, o que faças e o de que necessites Deus sabe.

O teu discernimento encontrou no Evangelho de Jesus a bússola para a viagem carnal, que aponta o norte magnético que leva ao *país da pureza do coração*.

Essa conquista que a todos fascina e atrai constitui a meta a ser conquistada e deves entender que a jornada é feita com experiências, às vezes, ásperas, que trabalham os instintos, transformando-os em emoções saudáveis.

Todo processo na área da evolução é penoso, em face da necessidade de libertação da brutalidade, substituindo-a pela doçura e mansuetude, que o tempo e o esforço de desenvolvimento moral burilam no íntimo de todos.

Necessário se torna que, inicialmente, sejam substituídos os velhos caprichos do sentimento em desequilíbrio por novos hábitos mentais e morais de comportamento civilizado.

Um coração puro dos miasmas oriundos do egoísmo e do primarismo é conseguido somente através de esforços racionais contínuos.

A criança, salve-se uma ou outra exceção, possui um *coração puro* porque ainda não tem o domínio dos

MANSUETUDE
(M.q.) Mansidão; doçura, meiguice, suavidade.

BURILAR
(Fig.) Tornar mais apurado; aprimorar, aperfeiçoar.

MIASMA
(Fig.) Influência nociva; corrupção.

ORIUNDO
(M.q.) Originário; natural, proveniente.

comportamentos anteriores e não adquiriu os recursos atuais atribulados da existência.

Verdadeiramente, o coração neste contexto não é o músculo cardíaco, as sístoles e diástoles, mas sim a emoção amorosa de compreender o que deve fazer, como fazê-lo e para que o realizou.

Indispensável que a jornada terrestre seja bem planejada para que os êxitos não a ensoberbeçam e os fracassos não a desanimem.

Em cada insucesso vale considerar que esse método não é o correto para executar o aprendizado evolutivo.

O mergulho na matéria, às vezes, obstaculiza o melhor sob o peso das penas pretéritas.

O esforço para superar óbices e enfrentar desafios constitui uma das manifestações da grandeza moral para preservar-se.

O espírita-cristão possui consciência segura do dever e não se deixa abater ante os insucessos nem se exalta quando consegue o triunfo, porque ambas as situações são transitórias e passíveis de mudança.

Compreende que somente após a desencarnação é que se pode avaliar o sucesso real da existência concluída.

O cárcere carnal é sempre uma bênção por ensejar a corrigenda, a reabilitação, o resgate dos erros que retêm na retaguarda.

Um coração puro é o chamado para a vitória das paixões inferiores.

Foi por tais nobres razões que Jesus incluiu a pureza do coração entre as bem-aventuranças.

Confia em Deus, que te criou para a glória estelar e está contigo durante o périplo da evolução.

Joanna de Ângelis/Divaldo Franco

Capítulo 14
Perversos e frágeis

A Terra sempre os hospedou em todos os tempos da sua cultura e da sua evolução.
Eles passaram pelos quadrados do globo com as suas tubas guerreiras aterrorizantes e destruíram tudo que encontravam. Os territórios submetidos eram devastados e aniquilados.

Galgaram os degraus empapados de sangue e sentaram-se nos tronos apoiados em cadáveres, ao som terrível das aflições e desditas das multidões vencidas.

Os seus nomes fizeram tremer povos e nações que venceram em batalhas cruentas e animalescas.

Deixaram a peste originada nos cadáveres em putrefação e embriagaram-se com orgias inenarráveis que, por fim, destruíram-nos também.

Por mais desejassem perpetuar o seu domínio hediondo, tudo passou com a fugacidade do corpo frágil.

Tentaram permanecer nos lúgubres altares do poder, bajulados por outros semelhantes, foram assassinados, odiados, perseguidos ou suicidaram-se vergonhosamente quando os ventos do triunfo mudaram a direção e os abandonaram miseravelmente.

TUBA
Instrumento metálico dos antigos romanos, geralmente de bronze ou latão, formado por um tubo reto.

GALGAR
Subir; andar.

DESDITA
Falta de dita ('sorte favorável'); má sorte, infortúnio, desgraça.

CRUENTO
Cheio de sangue, ensanguentado, sangrento; sanguinário, cruel.

PERPETUAR
Fazer durar para sempre; tornar perpétuo.

FUGACIDADE
(Fig.) Característica do que é transitório, passageiro, do que não perdura; transitoriedade, efemeridade.

LÚGUBRE
Fúnebre, macabro.

Divaldo Franco · Joanna de Ângelis

CLARIM
Instrumento de bocal, com tubo mais estreito que o da corneta, us. nos sinais de ordenança de cavalaria e artilharia.

CZAR
(M.q) Tsar; título oficial do imperador da Rússia desde o sXVI.

KHMER VERMELHO
Grupo rebelde de guerrilheiros de tendência maoísta que tomou o poder no Camboja de 1975 a 1979, estabelecendo neste período perseguições políticas e étnicas que resultaram em milhões de mortos.

LUGAR-TENENTE
Pessoa que ocupa temporariamente a posição de outra que lhe é imediatamente superior.

ESTUPOR
(Fig.) Imobilidade repentina causada por uma notícia inesperada ou um grande assombro.

MOSCA AZUL
(Fig.) A ambição de ter poder ou a aspiração a ser glorificado [us. ger. com referência a quem busca situação ou cargo de mando ou de prestígio, em expressões como estar com a mosca azul, ser picado pela mosca azul etc.].

OLIMPO
Lugar onde habitam as divindades greco-latinas; paraíso.

DESASSOMBRO
Atitude ou dito ousado; intrepidez, valentia.

IGNOMÍNIA
Grande desonra infligida por um julgamento público; degradação social; opróbrio.

As tubas e os clarins que lhes precediam as entradas triunfais nas cidades em escombros silenciaram para que a morte realizasse a sua vitória sobre todos.

Desde Assurbanípal ao czar Nicolau II, de Júlio César a Hitler, de Nabucodonosor a Stalin, de Átila, o *terror de Deus*, ao Khmer Vermelho, de Alarico aos vândalos de todos os tempos, a crueldade e a loucura dominavam-nos, e esmagaram os povos do período em que viveram.

Traídos pelos seus melhores cooperadores e lugares-tenentes, experimentaram também o estupor que impuseram às suas vítimas esmagadas.

A grande maioria desses sicários veio para preparar e ativar a sociedade, desenvolver o conhecimento e dignificar o planeta, mas não suportaram a fama e se assenhorearam do poder, como se disso a vida deles dependesse.

As doenças, a velhice e o tempo, porém, devoraram as suas forças e foram vítimas deles próprios.

Outros deveriam contribuir para o engrandecimento de Roma, como Nero e seus cômpares, porém a *mosca azul* da vaidade o enlouqueceu e teve que fugir através do suicídio covarde, ajudado por um dos seus guardas.

Não poucos se sentiram tão poderosos que se atribuíram como filhos dos deuses ou os próprios que se encarnaram num Olimpo de mentira no qual sucumbiram.

A volúpia do tempo e a presença dos seus guerreiros fizeram a História da Humanidade como a destruição e reedificação para novas ocorrências desastrosas.

❖

Todos esses conquistadores perversos e insanos eram profundamente infelizes e frágeis, e ocultavam a covardia no aparente desassombro da própria ignomínia.

O poder das suas armas e a sua força dependiam daqueles que lhes eram semelhantes e ambicionavam substituí-los, o que acontecia com frequência.

A História da Humanidade é um livro escrito com o sangue e a destruição, com poucos períodos de paz geradora do progresso. Os seus líderes celebrizaram-se mais pela criminalidade geradora do terror, pela ausência da justiça e da equidade.

Em uma análise perfunctória podemos confirmar que tudo, porém, passa, como afirma velho brocardo popular.

Permanece somente o amor, que se origina na Paternidade Divina, que sempre envia ao lado desses sicários os seus ministros, que, vítimas das perseguições, deixaram o legado de confiança em paz, que substitui a desgraça e gera vias pacíficas e libertadoras.

Enquanto o mundo financeiro, vazio de grandeza moral, continuar satisfazendo os seus aficionados na ambição de tudo possuir, mesmo que transitoriamente, será promovida a guerra por esses líderes transviados, e os servidores do bem passarão quase invisíveis, porém, deixando em toda parte bênçãos que se multiplicam.

Confia em Deus, que te criou para a glória estelar e está contigo durante o périplo da evolução.

A cada instante te confere uma oportunidade de crescimento, outra de renovação, mas também lutas, dissabores e esforços contínuos, a fim de que jamais esmoreças nos empreendimentos morais e espirituais.

Sempre haverá guerra, enquanto o ser humano viver às expensas do *ego* e suas doentias manifestações, porque lhe faltarão os elementos saudáveis e fomentadores da Vida verdadeira.

Como existem aquelas exteriores, também no teu organismo há batalhas incessantes no milagre da vida orgânica, propiciando-as através dos diversos ciclos carnais, que constituem todas as existências físicas.

PERFUNCTÓRIO
Que se faz de modo rotineiro; que não tem profundidade; superficial.

BROCARDO
(Por ext.) Qualquer aforismo, provérbio, máxima.

TRANSVIADO
Que ou o que se transviou; extraviado, perdido.

PÉRIPLO
Longa viagem.

DISSABOR
Aflição, desgosto, mágoa.

ESMORECER
Tornar sem ânimo, sem forças; enfraquecer, entibiar, afrouxar.

EXPENSA
Despesas, custos.

FOMENTADOR
Instigador, incitador, estimulador.

> **ESPARZIR**
> (M.q.) Espargir; disseminar(-se), difundir(-se).

Mantém a tua paz e esparze dádivas de bondade e de luz do discernimento indispensáveis para acabar com as guerras.

A vida não se encontra ao abandono, aos mapas de ataques dos quartéis militares.

Tudo está planejado pela Onisciência Divina, e o seu ponto final é a vitória do amor, qual aconteceu após o Calvário, na Ressurreição Gloriosa de Jesus.

Quase ninguém poderia conceber a possibilidade de Ele sobreviver àquele destino inglório. No entanto, para que tudo isso acontecesse, a fim de Ele poder comprovar com os fatos as Suas palavras libertadoras, o sacrifício era indispensável e comovedor.

Assim será sempre. Após qualquer destruição serão renovadas as áreas devastadas, e novas formas de vida e beleza se erguerão, dando cumprimento aos Desígnios Supremos.

> **DESÍGNIO**
> Ideia de realizar algo; intenção, propósito, vontade.

Ainda teremos alucinados conquistadores na sociedade terrestre.

Eles vão e voltarão nas condições de miséria e abandono, assim como renascerão em mundos primitivos que os esperam com misericórdia.

Desta forma, acalma as ânsias do coração e serve sem cessar, semeando luz e alegria de viver.

Mesmo quando há nuvens, brilha o Sol que aguarda passarem as sombras de toda espécie.

Joanna de Ângelis/Divaldo Franco

Capítulo 15
Permanece alegre

Periodicamente, o planeta terrestre experimenta os camartelos gigantescos da sua aparente destruição.

Fenômenos sísmicos terríveis fragmentam as suas estruturas pétreas, comburem metais, ziguezagueiam em danças de energias formidandas, dilatam-se e contraem-se em terríveis movimentos inesperados, ameaçando tudo de extinção.

Espera-se, graças aos fatores avançados da tecnologia, equilíbrio e beleza como resultado dos fenômenos apaziguados no interior do globo.

Sucede que supergigantes internos no planeta despertam do letargo em que se encontram temporalmente e assumem o comando da anarquia e da desordem.

Incontáveis escombros de outros que se consumiram em choque formidando com a massa instável se diluiriam ao impacto dos tremendos e sucessivos choques.

As gloriosas edificações humanas, organizadas para resistir ao rigor do tempo, fremem ante os terríficos vendavais que sacodem de todos os lados.

A ufania, o orgulho de casta e de raça, o poder de qualquer origem mudam de mãos a cada momento, demonstrando a vacuidade e rapidez com que tudo se transforma e transmuda,

---

CAMARTELO
(Por ext.) Instrumento usado para quebrar, debastar, destruir ou bater repetidamente.

PÉTREO
De pedra; petroso.

COMBURIR
Pôr ou pegar fogo; reduzir(-se) a cinzas.

FORMIDANDO
(M.q.) Formidoloso; formidável.

APAZIGUADO
Sossegado; tranquilizado.

LETARGO
(M.q.) Letargia; inércia.

FREMIR
(Fig.) Vibrar, tremer.

TERRÍFICO
(M.q.) Terrificante; que terrifica, que aterroriza.

UFANIA
(Pej.) Vaidade exagerada.

VACUIDADE
Vazio, vaziez, vácuo.

volvendo ao amontoado de pó calcinado pelo Sol dos evos ou pelas águas agitadas ou quietas em que esperam...

Os milhões de miseráveis que sobreviverem ao caos constituirão as infinitas caravanas de esfaimados de paz e luz, entredevorando-se como chacais inclementes.

Perguntar-se-á: qual o resultado dos milhões de anos de construção e de destruição de nações que dormem o sono multimilenar aparentemente sem qualquer plausível destino?

Tudo a vida tem modificado no passar ininterrupto dos tempos.

Há uma busca inimaginável que move o Universo na direção de um destino.

Procura-se entender o passado, como se nele estivesse a chave da incógnita de si mesmo, e este responde com inabordáveis manifestações que pairam soberanas, dominando o cenário cósmico.

Pensa-se que do entendimento do ontem se possa concluir pelo convulsionar do hoje na sua monumentalidade desconhecida.

Será que do entendimento do ontem se poderá compreender a ciclópica realidade de tudo?

Ambições e sonhos humanos, loucuras do *ego* e esquecimento das Leis Divinas prenunciam futuras calamidades, convidando o ser humano a submeter-se aos impositivos que escapam ao pensamento atual.

Apesar disso, o ser humano sorri, disfarça, vive a tragédia do seu processo cada vez mais sóbrio.

Não padece dúvida, porém, que de todos esses acontecimentos soberanos surgirá a excelsa luz do Amor Celestial, propondo a felicidade eterna da vida.

❖

Mundo regenerado

Para onde caminha a Humanidade?

Estes são dias de tormentas e angústias, em que há predominância da sombra resultante da ignorância das Leis Universais com a terrível presença do medo, da cizânia, da própria pequenez do ser pensante. Nele, entretanto, estão as sementes divinas da Criação, na sua condição também de cocriador, como membro atuante do existir.

> **CIZÂNIA**
> (Fig.) Falta de harmonia; desavença, rixa, discórdia.

Nos mais diversos períodos do planeta terrestre em que a vida se apresentou organizada em sociedade, mesmo que bárbara, vieram ter conosco Espíritos de elevado nível, a fim de estabelecerem as metas morais que deveriam acompanhar o desenvolvimento espiritual. E não faltaram até este momento os grandes missionários da evolução.

Seu objetivo é a conquista de si mesmo, a autoiluminação, a vitória do *deus interno* jacente em tudo, em tudo presente.

> **JACENTE**
> Que jaz; jazente; posicionado, localizado.

Dentre os incontáveis apóstolos do bem e do amor, Jesus se destacou em razão da sua elevação, que o torna *o ser mais perfeito que Deus ofereceu ao ser humano para servir-lhe de Modelo e Guia*.

O Mestre Galileu veio das estrelas para demonstrar a fugacidade de tudo, nada obstante se deixou sacrificar, volvendo, logo depois, em ressurreição gloriosa para confirmar a imortalidade.

Até hoje a Sua presença entre as criaturas do planeta em desenvolvimento permanece na condição de um perene convite aos elevados sentimentos que procedem do Pai Criador.

> **PERENE**
> Que é eterno, perpétuo; perenal.

Durante longos períodos aqueles que O amaram têm sido trucidados, enquanto Ele permanece afetuoso à espera.

O Seu triunfo não é ter, mas a grandeza de ser.

Não proibiu que se usufruam das oportunidades que surgem, mas embelezou-as com as harmonias da misericórdia e da caridade.

Que tens feito dos Seus ensinos no dia a dia da tua existência?

Quando tudo parece sucumbir ao aniquilamento do nada, que não existe, os Espíritos em Seu nome erguem a mensagem à altura da mente transcendental e do coração sublimado, para que das cinzas e dos calhaus surja o novo mundo de paz.

Nunca houve tanta necessidade de harmonia interior, em que a Natureza envolva tudo em dúlcida sonata de beleza.

Às vezes, parece impossível que tal aconteça em razão dos vestígios de treva densa, que permanecem teimosos no cerne dos seres em longos processos de depuração, marchetando o solo por onde prossegue com os desafios da intemperança.

Sucede que o fenômeno da evolução é da treva para a luz, da brutalidade para a sutileza, do erro para o acerto.

Como é verdade que dos destroços fumegantes surge a vida em abundância, da sombra nasce a claridade em deslumbramentos jamais imaginados.

Mesmo quando há nuvens, brilha o Sol que aguarda passarem as sombras de toda espécie.

Nunca desistas dos tentames da vitória sobre as paixões primárias que se encontram na fatalidade do existir.

O Divino Hálito sustenta a *morada* sublime que Jesus está edificando para os Seus discípulos.

Sorri ante a beleza do novo espetáculo e faze a tua parte por menor que seja.

Estás comprometido com Ele, e Ele confia em ti.

Serve mais um pouco e tem mais paciência.

Esquece o *ego* e pensa nos teus irmãos do carreiro da aflição.

...E, cantando o hino da imortalidade em triunfo, exulta, vencendo a grande noite, faze-te uma estrela refulgente da sociedade.

Faze mais por ti mesmo.
Levanta-te, sacode dos teus pensamentos a
lamentação e a preguiça, e semeia luz.

Joanna de Ângelis/Divaldo Franco

Capítulo 16
Medita e trabalha

Refaze mentalmente os dias gloriosos e festivos que a imaginação parece ter vivenciado e agora ressurgem numa realidade afligente e desalmada.

Revês as vestes caras e as gemas preciosas com brilho iridescente e quase lhes sentes a falta nas modestas roupagens em que agora transitas.

Podes recriar no pensamento homenagens políticas e contínuos desfiles em salões gloriosos, com excessivo luxo em razão dos adornos exuberantes e da opulência com que foram construídos, trabalhados por artistas inigualáveis, enquanto te situas em lares destroçados que agora te albergam com desencanto.

Inconscientemente sabes burlar as leis, ignoras os deveres e capitulas ante a abundância da fortuna em tuas mãos, neste momento, trêmulas, frias e vazias.

Conheces intuitivamente as garras do poder que esmaga entre sorrisos de cinismo cruel e experimentas o peso da injustiça na tua existência.

A tua sensibilidade afetiva está virgem, intocada, porque recordas que já cedeste ao que supunhas amar e às mais sutis vibrações de ternura que neste momento escasseiam na caminhada solitária.

IRIDESCENTE
Cujas cores são as do arco-íris ou que reflete essas cores.

ADORNO
Aquilo com que se orna ou enfeita (alguém ou algo); ornato, atavio, adornamento.

OPULÊNCIA
Grande pompa; luxo riqueza.

ALBERGAR
Alojar(-se), hospedar(-se); asilar.

BURLAR
Ludibriar; fraudar.

És capaz de ser fiel e devotado a qualquer plano, porque ainda sentes as lâminas aguçadas do egoísmo com que dilaceravas as vidas que submetias ao guante das tuas paixões asselvajadas.

Quase detestas a sociedade, porque pensas que és rejeitado e registras o desprezo a que te arrojas.

Sentes que é injusta a forma como te tratam, considerando o degredo que te assinala.

Por que na paisagem humana te desgastas e permites que a revolta se te assenhoreie dos sentimentos que dão lugar a desequilíbrio de vária ordem? Não te parece que deverias contemplar a Natureza com estesia e encantamento, já que em toda parte há som, cor e beleza?

Sucede que, muitas vezes, as preocupações naturais com os problemas existenciais sobrepõem-se às ordinárias preocupações, e inadvertidamente cedes espaço mental e emocional à sua predominância.

Nesses momentos, vês com prevenção tudo aquilo que teu entorno regista e de imediato o humor se torna desagradável.

Pensa melhor, reflexionando nos fatores existenciais que constituem tais ocasiões e sorri com entusiasmo, porque estás vivo, transitas no corpo, e as emoções bailam de acordo com aquilo que permitas pensar.

Jamais te detenhas a supor que o mundo é cruel apenas porque as ocorrências não estão de acordo com os teus anseios íntimos, igualmente variáveis, dessa ocasião.

Logo passarão todas as situações, dando lugar a outras mais compensadoras.

Em assim sendo, recorre à compaixão e à caridade, que fazem parte do esquema existencial, não valorizadas.

Ah! caridade decantada e pouco real nos sentimentos humanos! Até quando serás o suporte dos fracos e dos amargurados?

Recorre-lhe às bênçãos e te enriquecerás de harmonia, qual uma tábua oferecida a um náufrago encontrado na terrível situação de afogamento.

Sempre haverá noites quentes, abrasadoras, assim como outras frias e enregeladas, constituindo a paisagem do tempo e da vida. Todas são lições vivas de aprendizagem, temperando o caráter na dificuldade e liberando-o no êxito.

Com essa compreensão aprenderás a descobrir que muitas ilusões adquirem aspecto de verdade quando se deseja fruir alegrias sem profundidade.

Reais, no entanto, são a dor e a desdita, que conduzem para a fatalidade da desencarnação.

A morte parece, então, a saída para esta situação calamitosa, que enseja a exuberância do viver sem os contraditórios sentimentos de perturbação.

Esses, no entanto, não são caminhos que ora percorres sob fardos de aflições penosas. Constituem cargas defluentes do teu anterior comportamento e que esperam mudança de conduta para diversificação de resultados.

Vens de longas experiências da vida e recuperas-te dos abusos a que te entregaste ao longo da marcha.

Sim, não são estranhas a ti essas sensações que fazem falta e pelas quais anelas.

Viveste-as ontem, quando a Vida te convidou ao amor e à fraternidade, ao serviço do bem, e te recusaste.

Realizaste o que hoje te faz falta, o de que dispunhas, o poder enganoso, a glória fugaz, todos transitórios e ricos de ilusão.

ABRASADOR
(Por ext.) Que ou o que está muito quente, produz muito calor.

ENREGELADO
Que enregelou; congelado.

FARDO
(Fig.) Aquilo que é difícil ou duro de suportar.

FUGAZ
(Fig.) Que desaparece rapidamente, que dura muito pouco; efêmero, passageiro.

Tudo aquilo que hoje te é escasso descartaste, utilizaste como espinho que cravaste em corpos esquálidos pela fome e pelas punições implacáveis.

Em nome da justiça submeteste aqueles que não dispunham dos recursos para vencer as situações em que se encontravam e sucumbiram nas masmorras perversas, olvidados em quase estado de desumanidade. As suas vozes, quase apagadas nas sombras e dejetos, ainda gritam por compaixão e rogam misericórdia...

Essas almas irmãs aguardam a compaixão dos Céus, a fim de se recuperarem.

Poucos sentiram sua falta, mas elas amaram, viveram, confiaram em Deus e foram traídas, totalmente abandonadas. Contudo, continuam vivas e dignas de amor tanto quanto de felicidade.

As Leis Divinas são sempre portadoras da justiça, impondo a corrigenda aos seus lamentáveis erros.

As gemas rutilantes de ontem custaram vidas que esfacelaste quando te seduziam o luxo e o orgulho desvairados, que se transformaram em escassez e submissão a que hoje te encontras submetido.

Medita sempre antes de agir, a fim de colheres o êxito.

Miséria e poder são experiências irmãs que se substituem conforme sejam utilizadas. Uma se equilibra na outra.

Jamais olvides que a Lei de Amor é a única permanente, enquanto tudo se altera, modifica-se e cede lugar a outra forma vivencial.

O planeta-mãe estertora ante a loucura dos seus filhos.

Faze mais por ti mesmo.

Levanta-te, sacode dos teus pensamentos a lamentação e a preguiça, e semeia luz.

Onde haja sombra acende modesta chama, e onde a dor se homizie oferece o bálsamo da bondade e da compaixão.

ESQUÁLIDO
Pálido, depauperado, magro, macilento.

MASMORRA
(Por ext.) Prisão subterrânea; aposento lúgubre, sombrio, triste.

RUTILANTE
Que rutila; que fulgura ou resplandece com vivo esplendor; luzente, cintilante; cujo brilho chega a ofuscar.

ESFACELAR
Causar ou sofrer dano, destruição; arruinar(-se).

DESVAIRADO
Que se desnorteou; desorientado, estonteado.

ESTERTORAR
Agonizar.

HOMIZIAR
Furtar(-se) à vista; esconder(-se), encobrir(-se).

BÁLSAMO
(Fig.) consolo, alívio.

Jesus veio para ti, para todos.
Nunca reclamou, jamais desanimou e sempre amou.
Se não puderes fazer como Ele o fez, pelo menos agradece o teu processo de renovação, medita e age.

Capítulo 17
Caridade do amor

Quando as dores se fazem superlativas no país do teu desespero, em forma de quase loucura, verte do Infinito suave alento que acalma e reconforta os desesperados que não se deixam consumir.

Quando o sofrimento atinge nível de impiedade e nenhuma esperança de paz se apresenta, surge a claridade da harmonia, mesmo que remotamente, luarizando a noite interior das almas ultrajadas em desolação e entrega na luta.

Quando a aridez da revolta queimar as últimas alternativas e a paz não passar de um mito na tradição do pensamento, uma fresta de alegria permitirá a passagem da renovação no torvelinho do pensamento em desequilíbrio.

Quando as labaredas do ódio consomem as possibilidades do amor e do perdão, a caridade, como uma gota de frescor, alenta rapidamente e prepara para receber-se a chuva da Divina Misericórdia.

Quando não existir aparentemente a menor possibilidade de harmonia nos despenhadeiros das provações, brilha a bondade que abre as asas e alça o desventurado a zonas e apriscos de bênçãos refazentes.

SUPERLATIVO
(Fig.) Aumentado em excesso; exagerado, hiperbólico.

VERTER
Jorrar; brotar.

ALENTO
(Fig.) Inspiração, entusiasmo.

LUARIZAR
(M.q.) Luarejar; banhar de luar.

ULTRAJADO
Que sofreu ultraje; ofendido.

FRESTA
Abertura estreita; fenda, fisga, frincha.

TORVELINHO
Movimento de rotação em espiral; redemoinho, remoinho.

LABAREDA
(Fig.) Sentimento intenso; ardor, intensidade, impetuosidade.

APRISCO
(Por ext.) O lar, a casa, como abrigo.

Quando tudo for desencanto e perda de sentido existencial, ressurge dos escombros do ser interior a figura incomparável de Jesus, anunciando docemente: "Eu venci o mundo...", e nova energia balsamizará o Espírito aturdido, proporcionando o nascer da madrugada de vida, reacendendo a alegria emurchecida nos sentimentos.

Em toda e qualquer circunstância, por mais tenebrosas sejam a escuridão e a soledade, o amor penetra e acolhe os que desertaram da luz, facultando-lhes fruir um pouco de coragem e fé.

A caridade de Jesus em favor de todos aqueles que se permitiram devastar pela perversidade e tormentos íntimos enseja alcançar o desditoso, abrindo-lhe espaço às lágrimas beneficiadoras que possibilitam renovação e paz.

Nem sempre se faz de forma explosiva, mas semelhante à brisa refrescante de um amanhecer de sol após tempestade ultrajante.

Jesus viveu a caridade total no silêncio, na renúncia, nas mãos sempre distendidas para ajudar, na entrega da Sua pela nossa existência.

Nunca te afastes da caridade de Jesus, a caridade do amor.

Tenta fazer a tua parte, seguindo-Lhe o exemplo de abnegação e devotamento.

Jamais o Mestre deixou de cumprir a tarefa de amor a que se dedicava, sendo humílimo, porém, severo, mantendo compaixão, mas ao mesmo tempo estimulando que cada qual carregue a própria cruz e siga-O.

Nada pediu, exceto que o Seu exemplo seja a diretriz de segurança de todas as existências.

Não existe exceção alguma. Pode-se ludibriar as leis humanas, disfarçando-as, corrompendo-as, mas ninguém consegue fugir ao determinismo das Leis Divinas, que, no momento próprio, desempenham a sua função, alcançando aqueles que se lhes encontram ao alcance.

Asserena-te, pois, e exercita a caridade silenciosa do amor.

❖

Quando fores ofendido sem uma causa que se justifique, mantém a caridade da compaixão para com o agressor.

Quando a calúnia sórdida te crucificar na infâmia, oferta a caridade do silêncio em relação ao teu algoz.

Quando as perseguições de qualquer monta te alcançarem os sentimentos delicados e te sentires apontado pelo ridículo, atirado ao desprezo, distende a caridade do entendimento fraternal...

Todo perseguidor está preso às traves da desdita íntima, sempre em busca de vítimas outras para descarregar sua agonia interior.

A existência dele é o terremoto incessante, escondido numa camada superficial de harmonia. Ninguém lhe conhece os dramas perturbadores nem as ambições malogradas, que o tornam desventurado sob disfarce.

São infelizes todos que assim se comportam, porque espoliados dos valores de redenção, por falta de equilíbrio preferem ficar na posição de inquisidor inclemente à de renovador moral necessitado.

Esse sofredor malcompreendido escamoteia os tormentos e passeia a sua peçonha em toda parte.

Desse modo, considera que o mal aparentemente triunfante em muitas ocasiões é apenas um esconderijo de perturbações não acalmadas, neste que se apresenta com a crueldade de fácil alcance.

Não vejas tais indivíduos como teus adversários, porém, no momento, como usurpadores por inveja da tua riqueza moral e espiritual.

SÓRDIDO
(Por ext.) Que provoca asco; repugnante, nojento, asqueroso.

INFÂMIA
Dito contra a reputação ou a honra de (pessoa, instituição); calúnia.

ALGOZ
Indivíduo cruel, de maus instintos; atormentador, assassino.

MONTA
(Fig.) Medida de importância, gravidade, interesse ou valor.

DISTENDER
Dilatar(-se), aumentar de volume.

MALOGRADO
Que não teve êxito; frustrado; gorado.

ESPOLIAR
Desapoderar (pertence alheio), privar (alguém) de (algo) por meios ilícitos, ilegítimos ou violentos; despojar, esbulhar.

MALCOMPREENDIDO
Indivíduo não compreendido ou interpretado erroneamente.

ESCAMOTEAR
Encobrir (algo) com rodeios ou subterfúgios.

O Espiritismo, atualizando o pensamento e a conduta de Jesus, é o teu anjo libertador, ensinando-te como comportar-te e nutrir-te de alegria de viver mesmo quando há tempestades pelo caminho.

É, ao mesmo tempo, a bênção do Céu às torpezas da Terra, por enquanto mundo de provas e expiações, em trânsito para mundo de regeneração, que se encontra alterando as paisagens mórbidas e modificando o solo dos sentimentos para ensementação das vidas plenamente felizes.

Recorda que, aplicados todos os recursos em favor dos obstinados no mal, que se comprazem em zurzir continuadamente a chibata da infelicidade no próximo, a caridade do amor surge como estrela de incomparável luz em socorro e carinho.

Após Jesus haver tudo feito em favor dos odientos perseguidores sem resultados positivos, ofertou-lhes a caridade do perdão, por não saberem realmente o que estavam fazendo.

Esse perdão incomparável ressurge como a dádiva da reencarnação, a fim de aprenderem no cadinho das dificuldades a valorizar toda e qualquer ação dignificadora, que os fazem alcançar patamares mais elevados de libertação.

❖

...E até hoje, porque não sabem exatamente o que fazem, esses enfermos refinados no crime e na desordem sorriem para chorar mais tarde ao descobrirem o que poderiam e deveriam haver feito.

Caridade, portanto, para todos eles, os teus irmãos equivocados, mas segue com a tua cruz até o Calvário libertador.

TORPEZA
Qualidade, condição ou ato que revela indignidade, infâmia, baixeza.

ZURZIR
Dar golpes violentos, bater em; espancar, surrar.

CHIBATA
(M.q.) Chicote; instrumento resistente e flexível feito de longas tiras de couro ou de cordões entrançados e presos a um cabo.

ODIENTO
Que guarda ódio; rancoroso.

CADINHO
(Fig.) Local ou momento de provas, testes; local em que se é submetido a grande sacrifício ou condições extremas.

Há luz que brilha em tua volta e que não te dás conta. Beneficia-te da claridade a fim de enxergares melhor os objetivos essenciais do existir.

Joanna de Ângelis/Divaldo Franco

Capítulo 18
Vida atuante

Até onde a imaginação humana alcance em reflexões e a vida lhe preceda ao fenômeno do momento, busca estar atuante na construção da ordem e do bem, que são as bases do progresso para a Humanidade feliz de amanhã.

Experiências inumeráveis testemunham esta realidade nas mais variadas demonstrações de pesquisas humanas.

Graças ao empenho de mulheres e homens abnegados, missionários de Jesus que são, a sociedade terrestre tem conseguido entender que tudo obedece a uma diretriz que, não raro, escapa às mais acuradas observações.

Após a apresentação da Codificação Espírita no século XIX, nobres apóstolos da Ciência buscaram mergulhar nos fenômenos existenciais, comprovando-lhes a anterioridade espiritual.

A existência atual é resultado de outras experiências carnais ou *vidas passadas*, nas quais foram realizados ajustes orgânicos e emocionais aos fatores do mundo, condicionando o Espírito ao desenvolvimento dos infinitos valores que lhe jazem adormecidos.

Filho e herdeiro de Deus, possui os tesouros fabulosos que procedem da Divina Paternidade, enquanto aguarda os fatores mesológicos e evolutivos que lhe propiciem tal despertamento.

ACURADO
Marcado pelo cuidado, atenção, interesse; feito com primor, rigor, capricho; esmerado, exato.

JAZER
Situar-se, encontrar-se; ficar, localizar-se.

MESOLÓGICO
Relativo a mesologia (ecologia).

A partir das dúvidas dos investigadores do século XVII culminadas com a separação da *fé cega*, então predominante na cultura da Humanidade, tornaram-se expressivas as possibilidades de conhecer-se o Universo sem místicas nem posturas proibitivas, permitindo penetrar-se nas suas origens fascinantes, e, com ele, a vida nas suas múltiplas expressões.

No século XX, aqueles mesmos herdeiros das investigações profundas retornaram ao planeta para dar continuidade aos estudos das memoráveis manifestações na condição de indestrutibilidade para a vida.

Por exemplo, o jovem psiquiatra tchecoslovaco Stanislav Grof, aos 25 anos, realizando experiências na Faculdade de Medicina de Praga, com pacientes esquizofrênicos, aplicou-lhes o ácido lisérgico número vinte e os conduziu a um estado alterado de consciência, no qual os examinados retrocediam a experiências que faziam parecer vidas passadas. Nessas, relatavam os comportamentos criminosos que praticaram, razão pela qual ora se apresentavam com os sérios distúrbios psiquiátricos.

O nobre investigador resumiu as suas pesquisas, que ainda continuam na atualidade, no livro denominado *Além do cérebro*, demonstrando que é possível pensar sem esse notável aparelho, portanto, por mecanismo extracerebral.

De igual maneira, penetrando os escaninhos da morte, a célebre Dra. Elisabeth Kübler-Ross constatou a vida em triunfo, mesmo nos cenários lacrimosos dos velórios, assim como fora deles em toda parte.

O eminente Dr. Carl Rogers não evitou a exaustão em suas buscas para confirmar a sobrevivência da vida à disjunção molecular.

A lista é imensa e continua vasta na investigação da imortalidade do espírito.

Mesmo o *pai* da Psicologia Analítica, Carl Jung, não conseguiu negar a possibilidade de decorrências causais

---

ESCANINHO
Lugar oculto, recôndito; recanto.

DISJUNÇÃO
Ato ou efeito de disjungir; separação, desunião.

nas chamadas coincidências que demonstram forças inteligentes na ocorrência fascinante do que denominou como *sincronicidade*.

Por mais se busquem fugas intelectuais para tudo reduzir ao caos do princípio, esse mesmo caos é portador de infinitas possibilidades na sua produção.

O cotidiano das criaturas humanas demonstra essa realidade em princípios éticos de fundamental importância para a existência.

A mente interfere no corpo, e este naquela, através de sutis vinculações que proporcionam paz, saúde ou desajuste. Por esta razão, toda a engrenagem psicofísica do ser humano se estrutura em leis que vigem e se expandem no Universo.

Não te encontras reencarnado na Terra por qualquer tipo de capricho do acaso.

A tua existência, cujos pródromos se encontram em recuados tempos do processo da evolução, avança conforme as ocorrências da fatalidade, que é o determinismo da evolução.

Jamais ocorrem fenômenos que não possuam causas anteriores para a sua atual produção.

Aproveita cada momento do teu existir e executa a parte que te diz respeito na orquestração sinfônica da vida.

Se hoje os desafios são identificados como dores e sofrimentos, refaze a tua organização mental e busca encontrar onde estão os fios do tecido afligente que te desgasta. Entretanto, se te sorriem a saúde e a paz, envolvendo-te em bênçãos, reparte a alegria do bem e esparze esperança onde estejas.

Há luz que brilha em tua volta e que não te dás conta. Beneficia-te da claridade a fim de enxergares melhor os objetivos essenciais do existir.

> PRÓDROMO
> O que antecede a (algo); precursor, prenúncio, antecedente.

Desta forma, não lamentes aquilo que denominas como desgraça e provação, pois que fazem parte do teu esquema de aprendizagem, e isto ninguém pode fruir por ti, evitando-te experiências benéficas e necessárias.

Ninguém atinge o acume de um monte sem que antes atravesse as baixadas perigosas.

Trabalha a dor, refaze o percurso vencido, desenhando novos rumos.

A mente humana procede da Divina e nela estão inscritas as páginas do imenso livro das tuas conquistas, ora relevantes pelo padecimento, ora gloriosas pelas realizações.

Alegra-te, permitindo que o júbilo produza paisagens de inefável beleza para o coração.

Nunca te facultes perder a oportunidade criadora, edificante e produtiva.

Quando ensejes que o pessimismo se te assenhoreie, sintonizas com ondas desorganizadas à tua volta, que te afetarão a conduta.

Assim, bendize a dor e o serviço de edificação, evitando a hora vazia, esse espaço que permite o desgaste da coragem e da beleza.

Lembra-te de Jesus cantando o Sermão da Montanha, num entardecer inolvidável, demonstrando como é possível experienciar-se uma vida feliz.

Tem também na lembrança as Suas palavras finais na cruz, em outra tarde inesquecível, e aguarda em confiança o amanhecer do novo dia.

❖

A madrugada da Ressurreição é o prelúdio da imortalidade do espírito no tempo e no espaço, trabalhando a glória da vida em abundância e plenitude.

ACUME
(M.q.) Cume, cimo, auge.

INEFÁVEL
(Por ext.) Que causa imenso prazer; inebriante, delicioso, encantador.

INOLVIDÁVEL
Não olvidável; impossível de esquecer-se.

PRELÚDIO
Ato preliminar, primeiro passo para; primeira etapa para determinado desfecho.

Há, no Universo, uma fatalidade transcendental: a vida é inextinguível e a sua meta é a fatalidade do bem, a conquista da suprema ventura.

Joanna de Ângelis/Divaldo Franco

Capítulo 19
Nem mesmo Atenas

Quando o apóstolo Paulo se entregou totalmente à divulgação e vivência do Evangelho de Jesus, a sua voz eloquente e os seus argumentos teológicos muito bem trabalhados pelo estudo e reflexões foram apresentados no Areópago em Atenas.

A gloriosa cidade já não ostentava a grandeza filosófica do passado, e os seus eminentes pensadores do princípio haviam cedido lugar a um grupo menor, vivendo-se mais das evocações do pretérito do que de conquistas novas do presente.

A capital antiga da Hélade hospedara no passado, através da beleza e da sabedoria em suas várias expressões, os representantes da arte, da cultura e do pensamento, que a fizeram majestosa e sem igual.

A decadência, então, já era visível, mas o embaixador do Evangelho esperava encontrar naquele grandioso burgo alguns missionários capazes de revolucionar as superstições e doutrinas cínicas então vigentes.

Anteriormente ele estivera apresentando a Mensagem de Jesus na Praça do Mercado, e alguns poucos interessados, percebendo a grandeza do orador, sugeriram que o fizesse

ELOQUENTE
(Fig.) Que revela expressividade; persuasivo, convincente.

AREÓPAGO
Tribunal de justiça ou conselho, célebre pela honestidade e retidão no juízo, que funcionava a céu aberto no outeiro de Marte, antiga Atenas, desempenhando papel importante em política e assuntos religiosos.

HÉLADE
Grécia antiga.

naquele recinto quase sagrado, onde se discutiam as questões mais importantes da cidade.

O momento era, portanto, muito significativo, e a proposta interessou a grande número de pessoas, que superlotaram o auditório.

No centro do salão, de pé, o Apóstolo das Gentes iniciou a sua memorável palestra fazendo uma admoestação à população curiosa e interessada.

De início, despertou interesse, especialmente quando se referiu ao *Deus sem-nome*, no qual muitos acreditavam como a Causa do Universo, e de maneira fascinante referiu-se a Jesus, à Sua ressurreição, confirmando a imortalidade da alma; o mal-estar tomou conta do auditório e fez-se o tumulto com a saída dos mais exaltados e o vozerio de protestos.

Nada conseguiu amainar a tempestade da revolta e da exaltação injustificada.

Chegou-se a pensar que o auditório revoltado passaria à agressão física, o que felizmente não aconteceu.

O orgulho injustificado dos atenienses não admitia a imortalidade da alma e, no uso e abuso da doutrina cínica, como outras visões filosóficas que lhes bastavam ao *ego*, reagiam com desprezo a qualquer possibilidade, assim, permitindo-se uma existência de prazer e de comodidade.

À semelhança de ocorrências atuais na sociedade terrestre, a sofreguidão pelo gozo desnorteava o pensamento, e, como tudo se reduzia ao nada, conforme preconizavam na maioria, era necessário interromper qualquer tentativa de voltar-se ao idealismo de Sócrates, de Platão, de Aristóteles, do passado algo distante.

A decepção do apóstolo foi imensa e levou-o às lágrimas, como se fora ele que, incapaz de uma argumentação profunda, oferecera terreno para a derrocada verbal.

ADMOESTAÇÃO
(Por ext.) Estímulo ao aprimoramento moral ou espiritual de uma pessoa.

VOZERIO
(Reg. Bras.) Som de muitas vozes juntas; assuada, vozeio.

AMAINAR
(Fig.) Tornar(-se) sereno; abrandar(-se), acalmar(-se), diminuir.

SOFREGUIDÃO
(Mtf.) Desejo ou ambição de conseguir sem demora alguma coisa; ansiedade, avidez, impaciência.

PRECONIZAR
Fazer a apologia ou a propaganda de; recomendar, aconselhar, pregar.

ALGO
Em algum grau; um tanto, algum tanto, um pouco.

DERROCADA
(Fig.) Mudança brutal que leva a um estado de colapso, de ruína; queda acompanhada de decadência, degradação.

A realidade, no entanto, é outra: Atenas estava perdida no vazio das glórias do pretérito e degradava-se no ponto de vista cultural e histórico.

Paulo, porém, não esqueceu aquela diferente lição que nunca lhe ocorrera antes.

À perseguição dos compatriotas estava acostumado, não, porém, àquele testemunho.

❖

Nos dias atuais a sociedade se encontra sob o ponto de vista cultural e moral, mais ou menos conforme Atenas naquele momento.

O conhecimento intelectual alcança níveis inimagináveis, e a evolução tecnológica supera as próprias fronteiras a cada momento.

Jamais houve tanta informação e comodidade, tornando as existências ricas de excessos de toda ordem, mas, infelizmente, os valores ético-morais vêm sendo banidos a pouco e pouco, em nome dos próprios *direitos humanos* e da liberdade de comportamento.

Ao indivíduo é concedido o direito de fazer tudo quanto lhe aprouver, mesmo que seja prejudicial ao conjunto social, como se essa faculdade de escolha o conduzisse de forma aprazível e feliz.

Pelo contrário, quanto mais se libera dos transtornos emocionais numa catarse doentia, mais se perturba e aguarda resultados bons, derrapando em condutas esdrúxulas e perversas que o egoísmo elabora como forma de projeção no fracasso emocional no qual estagia.

Essa libertinagem torna-o avesso a tudo quanto tem por fim educar, corrigir, superar as paixões de baixo nível,

APRAZER
Causar ou sentir prazer; contentar(-se); agradar(-se), deleitar(-se); prazer.

APRAZÍVEL
Que apraz, que causa prazer; agradável.

CATARSE
Liberação de emoções ou tensões reprimidas.

ESDRÚXULO
(Por ext.) Fora dos padrões comuns e que causa espanto ou riso; esquisito, extravagante, excêntrico.

encontrar a beleza na arte e nas sublimes mensagens que a existência física oferece a quem tem olhos de ver...

A baderna e a depravação avançam de mãos dadas, destruindo os ideais de significado e transformando o ser humano num amontoado de desgastes e prejuízos emocionais.

A Mensagem de Jesus, que é antípoda a essa conduta irregular e desastrada, é considerada alienação ao modernismo vulgar e à toxicidade dos sentimentos, pois que eleva e promove a realização pessoal mediante a sua autoiluminação.

Estes dias pós-pandemia e cultuadores de guerras lamentáveis são também de transformação moral e espiritual em relação ao planeta, que evolui impondo os processos de sofrimento, que têm sido o melhor recurso para despertar os déspotas e vassalos do prazer de mentira.

Ante a paisagem humana em destroçamento, recorda Paulo em Atenas... Ele não desistiu, e a grande cidade, cansada dos excessos de toda ordem, no futuro entregou-se a Jesus, mas não O soube manter nos corações e ainda hoje atravessa período de muitos desafios e sofrimentos.

Vive, agora, de acordo com o modelo do Evangelho. Não te descoroçoes ante a visão hodierna, entendendo que, mais do que nunca, todos necessitam viver com dignidade e respeito às Soberanas Leis da Vida.

Há, no Universo, uma fatalidade transcendental: a vida é inextinguível e a sua meta é o fatalismo do bem, a conquista da suprema ventura.

Não te deixes arrastar pelo canto perigoso das sereias e faze como Odisseu, revestindo-se de recursos que o impediram de escutá-las, assim, livrando-se.

Expõe a tua alegria de viver e de conviver com todos, demonstrando que cada qual é o construtor do seu futuro e premia-se com o efeito das suas ações atuais.

ANTÍPODA
Que ou o que tem características opostas.

TOXICIDADE
Qualidade ou caráter do que é tóxico, esp. com o grau de virulência de um micróbio tóxico ou de um veneno; toxidez.

DÉSPOTA
(Fig.) Que ou quem age como um tirano, que não aceita trocar ideias e opiniões.

DESCOROÇOAR
(M.q.) Desacoroçoar; tirar o ânimo, a determinação.

HODIERNO
Que existe ou ocorre atualmente; atual, moderno, dos dias de hoje.

SEREIA
Ser mitológico feminino, representado sob a forma de ave ou peixe, com cabeça e/ou peito de mulher e, às vezes, empunhando uma lira; sirena.

ODISSEU
Personagem do poema épico Odisseia.

Nunca te arrependerás por haveres cumprido com os teus deveres e preferido a luta honrosa à satisfação hedionda do gozo sem equilíbrio.

Como tudo passa, a zombaria dos alucinados de hoje será página morta na lembrança da História, como somente dois interessados pela mensagem de Paulo deram sentido à visita do apóstolo à cidade gloriosa.

ZOMBARIA
Atitude ou manifestação de desdém, menosprezo ou ridicularização de alguém ou algo; escárnio, achincalhação.

Capítulo 20
Herói cristão

Quem o veja, por certo, não lhe perceberá a grandeza moral, qual ocorre com o diamante ainda bruto...
É provável que nem ele mesmo se dê conta da maravilhosa incumbência espiritual que lhe foi destinada.

É simples e sem qualquer atavio, sem alarde transitando no corpo, fixado nos deveres que o ministério evolutivo lhe faculta.

Ninguém lhe nota a nobreza, porque lhe é natural o brilho do amor nos olhos e o afeto no coração.

A sua presença é tão abençoada que se lhe nota a ausência sempre que ocorre.

Testado inúmeras vezes ao circo dos espetáculos vergonhosos da existência, transitou incólume, não aceitando os desafios dos traidores e perversos trêfegos da sociedade.

Os seus silêncios são muitas vezes tidos como covardia moral, enquanto a realidade é que se constituem gemas preciosas da sua conduta fraternal no quotidiano.

A ausência de rancor e de animosidade na conduta não é manifestação de inferioridade, mas expressão de absoluto domínio das paixões inferiores, que se encontram luarizadas pelo perdão e pela fraternidade legítima.

INCUMBÊNCIA
Aquilo de que se é incumbido, encarregado; encargo, missão.

ATAVIO
(Mtn.) O que serve para ataviar; enfeite, adorno.

INCÓLUME
Que permanece igual, sem alteração; bem conservado, inalterado.

TRÊFEGO
Hábil para ludibriar; astuto, esperto, sagaz, manhoso, trefo.

ANIMOSIDADE
Má vontade constante; aversão, rancor, ressentimento.

A palavra conciliadora e mansa é a força da alma que se exterioriza em forma de luz na treva.

Não há interesse de sua parte na exibição, no tratamento especial a ser-lhe conferido.

Luta com acendrada dedicação para não atrair a curiosidade nem destacar-se como importante.

> ACENDRADO
> (Por ext.) Que se purificou; depurado, aperfeiçoado, acrisolado, apurado.

Está sempre de bom humor, mesmo nos momentos de sofrimento, mantendo uma face amiga, sem as marcas da amargura ou da revolta.

Jamais descarrega as suas aflições, que não são poucas, pois que é humano e em processo de crescimento, dando a impressão de que não experimenta sofrimentos nem contrariedades.

Procura sempre ser simpático e não inspirar compaixão, porque ama a vida a todos concedida com os mesmos critérios e impositivos.

Não reclama nem reage às dores que o alcançam, porque compreende que se trata de arestas morais que remanescem dos períodos transatos que foram superados.

> ARESTAS
> Pequenos detalhes sobre os quais há desacordo, pontos de conflito; desavenças, diferenças, divergências.

É comum, a todos parecido, porém especial.

Faz lembrar um comentário que os fariseus fizeram de Jesus, quando asseveraram a seu respeito: – *Ele fala como todo mundo fala, mas ninguém fala como Ele fala...*

Quando deambulava por outros caminhos, era, sim, diferente, sofria tormentos e desequilibrava-se, anelava pela paz e atirava-se às lutas tormentosas.

> DEAMBULAR
> Andar à toa; vaguear, passear.

Ouviu o chamado suave e libertador de Jesus, então aceitou a tremenda revolução interna e transferiu-se da planície da loucura, começando imediatamente a ascensão pelo planalto da redenção.

Entregou-se ao Amigo incomparável e não se recusou aos sacrifícios para segui-lO.

> MÁRTIR
> Pessoa submetida a suplícios, ou mesmo à morte, pela recusa de renunciar à fé cristã ou a qualquer de seus princípios.

É um mártir contemporâneo em luta íntima contra as más inclinações.

Respeita-o com a tua amizade, e não o censures naquilo que com ele não concordas ou que te chama a atenção com estranheza.

❖

Se buscas a harmonia pessoal e a solução para os teus múltiplos problemas, procura Jesus descrucificado e reflexiona na Sua jornada.

A Sua é a filosofia existencial do amor, nas suas multifaces, que alberga a solidariedade, a compaixão e a caridade.

Não te preocupes tanto em interpretar a letra do Evangelho, sendo o essencial pautares a conduta na forma como Ele o fez quando esteve conosco na Terra.

> **PAUTAR**
> Conduzir, guiar, nortear.

Disputa ser simples e jovial, porque a beleza real é isenta de tudo e não tem adornos momentâneos para fins interesseiros.

Busca haurir paz, entendendo que os teus compromissos são com a Vida, e Jesus é o caminho para lográ-los.

O conhecimento, o estudo são fundamentais, mas o mais importante é a vivência das lições humanas que trabalham em favor da sociedade.

Nunca desperdices o precioso tempo procurando mudar o mundo ou as pessoas, tudo censurando, tudo combatendo. Faze a tua parte e deixa que cada qual realize o que lhe é possível fazer.

Procura servir e coloca-te às ordens dos guias espirituais, que se utilizarão de ti para o trabalho do bem.

Faze pelos outros o que gostarias de receber deles.

A tua candidatura ao Evangelho é um compromisso sublime que não deves adiar.

As dificuldades que encontras nesse processo de renovação, as várias quedas que te permitiste vivenciar, mas perseverando com lágrimas e compreendendo serem necessárias, constituem o selo da tua mansidão por onde passas, renunciando às ilusões e avançando com segurança.

Nada melhor do que uma consciência tranquila, resultante das lutas renhidas e necessárias da purificação interior.

> **RENHIDO**
> Disputado com ardor; debatido demoradamente; porfiado.

Desse modo, nunca te afastes da luz, porque nela está o alimento saudável de sabor eterno.

Se, por fim, necessário for perder alguns valores, por certo não te preocupes, porque não te farão falta. Dá-lhes valor porque fazem parte do elenco das ilusões e cultivas como de fundamental importância.

O ser humano acumula coisas desnecessárias e a elas transfere significados frustrados, mergulhando na sua busca como condição de fuga da realidade dos altos patrimônios que não consegue reunir no processo de autoiluminação.

Resiste, portanto, a todos os impedimentos que te surjam no labor, certo de que eles te fortalecerão para a batalha final.

O herói cristão contemporâneo deve hoje no mundo ser um refúgio emocional e moral para os desesperados, que os recolhe, dominado pela compaixão fraternal.

Inspirado nos exemplos do Mestre, persevera, mesmo no momento mais árduo e perverso, sorrindo e amando.

❖

> **INEXAURÍVEL**
> Inesgotável; que existe em grande quantidade; abundante, copioso.

Só o amor é fonte inexaurível de plenitude. Ele tem por finalidade oferecer beleza à realidade, mesmo quando essa se apresenta bordada de tristeza e preocupações.

...E se alguma vez te sentires sem força para prosseguir, ora e deixa-te plenificar pelo socorro divino, prosseguindo fiel até o fim.

O herói moderno do Evangelho, o mártir, é sempre aquele que está em luta contínua contra as más inclinações.

O inimigo do cristão é ínsito no coração, que lentamente se rende a Jesus, o Mártir da Cruz.

Mediunidade, portanto, é dádiva de Deus para a interação lúcida e consciente entre as realidades física e espiritual.

Joanna de Ângelis/Divaldo Franco

Capítulo 21
Mediunidade

À faculdade que permite a comunicação espírita, o emérito Allan Kardec deu o nome de mediunidade, por considerar a situação do instrumento utilizado para a relação entre os *dois mundos*.

À medida que o Espírito progride moralmente, mais lhe é facultada a oportunidade de desenvolver possibilidades orgânicas que se encontram adormecidas no seu íntimo.

O notável fisiologista francês Prof. Charles Richet, após longos anos de estudos e observações, denominou-a como um *sexto sentido* que desabrochava no corpo humano.

O mesmo Kardec, que codificou o Espiritismo com os cuidados que lhe eram peculiares, denominou o intermediário como médium, expressão compatível com as ocorrências de que se faz portador.

Em todos os períodos da Humanidade ocorreram fenômenos dessa monta que receberam denominações variadas.

Tais manifestações apresentaram-se com características diferentes sempre, porém, denominando-se realizadas pelas almas daqueles que viveram na Terra, mesmo os famosos portadores de transtornos mentais e emocionais, que passaram a ser nomeados como obsidiados pelos Espíritos desencarnados,

EMÉRITO
Muito experiente e prestigiado (esp. em uma ciência ou arte).

FISIOLOGISTA
Que ou quem é especialista em fisiologia (estudo das funções e do funcionamento normal dos seres vivos).

CODIFICAR
Reunir numa só obra textos, documentos, extratos oriundos de diversas fontes; coligir, compilar.

PECULIAR
Que é predicado de algo ou de alguém; próprio.

que se permitiam ser chamados demônios, satanases, impuros, inimigos da Humanidade.

De igual maneira, outros se apresentavam com indumentárias luminosas, portadores de mensagens grandiosas, lições de engrandecimento moral, proteção social, anjos ou embaixadores dos Céus... sempre de acordo com o tipo de sucesso que produziam eram denominados.

Profetas, para alguns povos, também eram identificados como xamás, feiticeiros, adivinhos, sibilas, hierofantes, místicos, carismáticos, todos sempre na condição de passividade dos seres que por eles se comunicavam...

A galeria dessas incomuns personalidades na História é de relevância pelo que se faziam responsáveis, pela maneira como contribuíam nos acontecimentos de cada época e mesmo no profetismo...

Antes de Jesus, que se fez anunciar antes da chegada por fenômenos equivalentes, mantiveram-se momentosos diálogos e convivência com inumeráveis deles, como o apóstolo Paulo, que demonstrou, não poucas vezes, a sua perfeita identificação com Jesus, assim como com outros Espíritos que o orientavam.

Condenados durante largo período de ignorância e perversidade, padeceram nas mãos de outros também aturdidos espiritualmente, que lutavam contra o primitivismo e a cegueira, bem como os pódios que vigiam nas religiões e comportamentos existenciais aberrantes.

A mediunidade, sob qualquer expressão que se apresente, é bênção de Deus para o desenvolvimento espiritual da Humanidade.

Tornando-se respeitável na atualidade, em razão dos fenômenos de amor e iluminação que resultam da sua prática, encontra-se numa fase cultural que é aceita em grande parte das nações, recebendo respeito e admiração.

INDUMENTÁRIA
O que uma pessoa veste; roupa, indumento, induto, vestimenta.

XAMÃ
(Por ext.)Indivíduo escolhido pela comunidade para a função sacerdotal, freq. em decorrência de comportamentos incomuns ou propensão a transes místicos, e ao qual se atribui o dom de invocar, controlar ou incorporar espíritos, que favoreceriam os seus poderes de exorcismo, adivinhação, cura ou magia.

SIBILA
Entre os antigos, mulher a quem se atribuíam o dom da profecia e o conhecimento do futuro; profetisa, bruxa, feiticeira.

HIEROFANTE
(Fig.) Expositor de mistérios sagrados; cultor de ciências ocultas; adivinho.

ABERRANTE
Que aberra; que se desvia, se afasta do que é tido como normal, natural, padronizado etc.

Mediunidade, portanto, é dádiva de Deus para a interação lúcida e consciente entre as realidades física e espiritual.

Graças ao Espiritismo, que é resultado das comunicações espirituais, pode-se constatar que os fenômenos da mediunidade merecem consideração e relevância, em razão dos conteúdos filosóficos e morais de que se fazem portadores. Torna-se indispensável a sua prática com elevação e sentimento cristãos, que repetem as mais notáveis propostas de Jesus no Seu Evangelho.

Médium de Deus, Jesus legou-nos as diretrizes mais seguras para a conquista da felicidade.

LEGAR
(Fig.) Transmitir (algo) a (alguém).

As Suas lições sempre mantiveram o conteúdo do amor, estabelecendo a caridade como precioso recurso para uma existência compatível com a plenitude.

Enfermidades, transtornos psicológicos e psiquiátricos, desarranjos orgânicos também podem apresentar-se na mediunidade, gerando sofrimentos e amarguras.

De certo modo, essa abençoada faculdade faz-se portadora de ensejos para resgates de comportamentos transatos em que o Espírito se comprometeu moralmente com a própria e a Consciência Cósmica, praticando abusos contra as Leis Divinas e humanas. Ignorando a responsabilidade dos atos praticados, deixou-se conduzir pelos desastres de natureza moral e pelo vão egoísmo em que se consumiu.

As luzes do dever e as condutas de ordem não encontraram apoio na existência, acreditando ilusoriamente nas ideias absurdas e cômodas do império carnal.

O intercâmbio através da mediunidade tanto se faz com os seres que habitaram as regiões celestes como as infernais, demonstrando que a morte não altera a vida, mesmo depois da sua ocorrência. Cada qual vive no Mais-além conforme as suas realizações existenciais anteriores.

Todos são autores da desdita ou da alegria que os aguarda, porquanto ninguém fica indene às consequências boas ou más do seu comportamento.

> INDENE
> Que não sofreu perda, dano; livre de prejuízo.

Por essa e outras razões, é indispensável que a mediunidade esteja a serviço de Jesus, qual Ele o fez em relação ao Pai.

Na atualidade, as reuniões psicoterapêuticas com os desencarnados em aflição, denominadas de socorro, são um dos mais excelentes campos de exercício da caridade. Muitas vezes, o médium experimenta o mal-estar e as angústias desses irmãos em agonia, e sofre. Tudo isso, porém, está no mapa das realizações libertadoras a que se encontra vinculado, e é uma forma especial de caridade em que dá com u'a mão sem que a outra o saiba. Raramente saberá de quem se trata aquele que se utiliza da sua instrumentalidade para sair das sombras do sofrimento para as claridades do amor.

> U'A
> (M.q.) Uma (usa-se dessa forma para evitar cacofonia).

Desse modo, o médium deve viver de tal forma que os seus atos não desmintam as orientações demonstradas após enunciadas pelos desencarnados infelizes, antes testifiquem a excelência da conduta moral que apresenta.

> TESTIFICAR
> Dar testemunho de; testemunhar, comprovar, atestar.

Misericórdia e compaixão quando escasseiem luz e amor.

Mesmo àqueles que o perseguem por permanecerem na ignorância da verdade e da ilusão. Mantém-te sereno e confiante, porque nunca estarás a sós e serás ajudado na conquista da paz.

Faze da tua mediunidade uma joia de valor inestimável, que, de acordo com o Evangelho, a ação é conforme ensinou Jesus.

❖

Mundo regenerado

...E quando te sentires sob os relhos da angústia pela animosidade de muitos ou da depressão e tudo parecer-te sem valor, recorda-te da mediunidade, ora e confia, libertando-te, desse modo, da constrição dos Espíritos obsessores.

RELHO
Açoite feito de couro torcido.

CONSTRIÇÃO
Ação ou efeito de constringir; fazer pressão; apertar, comprimir, espremer.

Capítulo 22
Luz iridescente

Deserta desse letargo que te penetra e exaure. O período de que necessitavas para recuperares a saúde interior já foi vencido. O estado de dormência é efeito da ausência de ações edificantes que devem preencher as tuas horas com bênçãos.

Embora prossigam as sequelas como um martírio ainda não superado, já te encontras a caminho da libertação.

É perfeitamente natural que surjam periodicamente desafios e problemas que antes não existiam, desgastando as energias preciosas que deveriam ser usadas para o enriquecimento dos valores autênticos da evolução, dando a entender que não será fácil retomar as rédeas dos compromissos significativos. Em todo lugar um problema, uma incompreensão, uma crítica mordaz e perversa, e te sentes aturdido...

Nunca, porém, desanimes e jamais lamentes, usando os tesouros que estão à tua disposição, oferecendo vontade de agir e esforço na razão para que consigas cumprir os deveres que te assinalam a existência.

Somente surgem tais dificuldades porque te encontras marcado por débitos reais que sabias intuitivamente existirem,

> **MORDAZ**
> Que é muito agressivo ou duro ao criticar as coisas ou pessoas.

mas não haviam surgido no mapa dos ressarcimentos, o que então aconteceu com aparência de surpresa.

No teu vocabulário rico de desencanto, confundes a preguiça que de ti se assenhoreia com necessidades de repouso, tombando na hora inútil.

O sentido da existência carnal é o movimento que edifica. O corpo é constituído de elementos celulares próprios para os empreendimentos que fazem parte do processo evolutivo.

Quanto mais acionada a maquinaria orgânica, mais exitosos serão os seus esforços.

Flexibilidade dos membros, equilíbrio dos nervos resultam das ações nobres e hábitos salutares com objetivos superiores.

A acomodação produz resultados negativos na economia física e emocional.

Desse modo, movimenta-te nas atividades que constituem o programa da vida física com a destinação sublime que se encontra adrede estabelecida.

Tudo se move obedecendo às leis que comandam o Universo.

Anteriormente os estudiosos do mundo acreditavam que o próprio Universo era uma especial máquina e lentamente chegaram à conclusão de que é *um pensamento*, porque se contrai e se expande sem cessar. Nele não há o vazio, a inação, o vácuo total. Esses fenômenos permanecem inalteráveis, mantendo as forças de que se constitui.

Desse modo, a mente deve trabalhar no desenho do organograma da evolução a que tudo e todos estamos submetidos.

À medida que a fixação mental se firma no programa da ascese, mais se enriquece de possibilidades e se faculta sintonizar com as ondas providenciais da Misericórdia Divina. Essa energia do cérebro com a mente em equilíbrio é conseguida mediante os exercícios próprios de elevação moral.

A pedra bruta aperfeiçoa-se sob o triturar das suas anfractuosidades. Conforme seja lapidada, mais transparente luz a adorna.

O Espírito deve passar pelo mesmo processo de purificação, a fim de permitir a sua majestosa transparência.

Desperta do sono demorado da incompreensão e do sofrimento injustificado. Já possuis discernimento próprio e suficiente para te decidires fruir as bênçãos de ser filho de Deus.

ANFRACTUOSIDADE
(Por ext.) Propriedade de apresentar sinuosidades, saliências, depressões, irregularidades.

ADORNAR
(Por ext.) Tornar (algo) atraente, agradável, interessante; embelezar, enriquecer com (conhecimentos, qualidades etc.).

Se a amargura busca agasalho na tua mente, por serem muitos os fatores de perturbação, alcançando-te o sistema emocional, põe o sal da alegria, contemplando a Natureza em constante transformação.

A variedade de espécies e o multicolorido abençoado dir-te-ão da grandeza do Criador, colocando beleza e júbilo em toda parte, de modo que a felicidade sempre se encontre por todo lado.

Tudo quanto parece deformá-la contribui para novos e encantadores painéis da sua própria estrutura.

Se contemplares um grão de areia com o auxílio do microscópio, ficarás fascinado com o brilho interno e as facetas externas, apresentando-te encantamentos ocultos.

No macroscópico vês as manchas das galáxias estuantes no Infinito, e a imaginação mais ousada jamais conseguiu até este momento entender a sua grandiosidade, infinitude e magia celestial...

MACROSCÓPICO
Suficientemente grande para ser observado a olho nu; considerado ou tomado numa dimensão da ordem do visível ou do sensível.

Reencarnaste para vencer e desfrutas dos instrumentos hábeis para o cometimento.

Se te percebes incapaz de entender essa grandeza existente em tudo e toda parte, esforça-te e vai descobrindo em cada recanto sua glória, a presença do Criador...

> **LOGRAR**
> Alcançar, conseguir.

Se não logras entender de momento, insiste e avança, conquistando possibilidades, porém, amargura nunca!

Muda de atitude sempre que te sintas incapaz de resolver o que se te apresente, permanecendo na descoberta dos valores existenciais e na beleza do Universo.

Cada alteração de comportamento e as novas conquistas, que os vícios mentais de ti ocultavam e te impediam de perceber, dar-te-ão inefável alegria.

Observa a movimentação dos astros de incomensurável grandeza, assim como as bactérias e micropartículas nas suas diversas finalidades para as quais foram criadas no Universo.

Deixa-te arrebatar pelos ensinos de Jesus, que os exemplificou. Ele nada nos pede, exceto que cooperemos com a ordem e o desenvolvimento do planeta na sua atual romagem para mundo de regeneração.

> **ROMAGEM**
> (Fig.) Caminho percorrido (no correr dos tempos); ato de passar (o tempo).
>
> **REVOADA**
> Ação ou efeito de revoar (tornar a voar; voltar, voando).

Nota a glória estelar à noite, e durante o dia a revoada de delicadas borboletas, de breve existência, no entanto belas e sedutoras.

Ouve a pequenina fonte no solo cantando e escorrendo em fluxo interminável de alegria.

Tudo obedece à fatalidade da vida.

Viver é um hino de bênçãos.

Estar vivo na carne é um poema de beleza para glorificar o Cosmo.

Tu és uma estrela! Não te negues a brilhar.

Faze a tua parte e diminuirás a dor no mundo.

Sê uma canção de esperança neste momento de gemidos e de lágrimas.

Amanhã serás glória solar, porque desde hoje te propões a engrandecer a Vida.

❖

Quem O visse na modéstia da Sua aparência, na pobreza dos Seus bens, no acompanhamento que formava as Suas fileiras e o visse mais tarde na Cruz jamais acreditaria que Ele venceria o Império Romano e os tempos que passaram...

Também podes fazê-lo se quiseres e se O atenderes.

Alegra-te, pois, hoje e sempre.

Capítulo 23
Sempre vivos

Partiu! Viajou sem alternativa, deixando-te em angustiante desolação.

Realmente não esperavas que serias surpreendido pela terrível provação da ausência do ser amado.

A existência transcorria tão normal que não anotaste a sua instabilidade.

Em diferentes momentos tinhas notícias da presença da morte ceifando pessoas queridas do seio das suas famílias.

Isso, porém, era tão comum que não te causava qualquer impacto, porque não ocorria no círculo da tua afetividade, ferindo os sentimentos mais nobres do teu coração.

Quando aconteceu contigo, era semelhante a um pesadelo do qual logo te libertarias pela presença do despertar. Todavia, agora, quando não existe nenhuma possibilidade de engano, deparas-te com a realidade, e uma dor sem-nome toma conta do teu amor, quase te esmagando de angústia.

A morte, não obstante conhecida por todos como o fim de uma etapa, o encerramento de qualquer empreendimento, é colocada muito longe dos teus planos e programas existenciais.

CEIFAR
(Fig.) Tirar a vida a; matar.

SEIO
Meio, ambiente.

Não te ocorre que, repentinamente, qual sucedeu, ela chega de mansinho ou voluptuosa, num lance terrível, e arrebata a quem amas, deixando-te no ar, sem rumo, sem conforto.

Será possível que toda uma realidade maravilhosa como é a vida possa desaparecer como num passe de mágica?

"Nunca mais" são palavras terríveis, que repugnam o pensamento, as expectativas que se apresentam formosas, falando sempre de um amanhã risonho e produtivo.

Como viver sem ter certeza de que te será possível superar estes momentos terríveis e refazer o caminho, aureolando-te novamente de esperança e alegria?

> AUREOLAR
> Abrilhantar; glorificar.

Afinal, a que se reduz a vida, especialmente a humana, essa dádiva indefinível da Criação?

Será ela o breve espaço entre o berço e o túmulo? Um sonho que se desfaz?

Qual, então, o sentido da própria existência, desde que não são poucos aqueles que são arrebatados no momento quase do nascimento, logo depois, em curto tempo de convivência com as demais pessoas?

> DEPERECIMENTO
> Ato ou efeito de deperecer; desfalecimento, esgotamento, perecimento.

O deperecimento orgânico, graças ao fenômeno das transformações moleculares, destrói o ser que se consumiu através da morte?

Num Universo em que tudo se transforma, altera a constituição, revive em outra aparência, por que o ser humano, e apenas ele, estaria fadado ao aniquilamento?

Graças ao Espiritismo, que revive o Cristianismo apresentado e vivido por Jesus, confirma-se a Vida além do túmulo, o renascimento espiritual daqueles que foram convidados ao retorno ao Grande Lar.

Aqueles, os quais amamos, como nós todos viveremos, conforme já o vivíamos antes do mergulho nos tecidos da carne física.

Mundo regenerado

A morte é somente mudança de indumentária para continuar a existir em outra dimensão, num outro campo vibratório rico de vida.

❖

Não te desesperes ante a desencarnação dos seres amados que participavam do teu grupo familiar, da tua afetividade, da tua jornada.

Foram convidados ao retorno antes de ti por motivos que desconheces, mas que são perfeitamente justos, fazendo parte da própria Vida.

Seja qual for a maneira como deixaram a indumentária terrestre, despertarão em condições compatíveis com a sua evolução e continuarão o processo iluminativo até o momento da perfeição relativa que nos está destinada.

Sofrerás a saudade, experimentando a ausência da sua manifestação orgânica, deixarão um grande vazio, que necessitarás preencher com valores inalienáveis que te manterão em contato com eles.

Nunca se apartarão de ti, porque os vínculos do amor se tornarão mais vigorosos.

Mantém-te seguro da Sabedoria Divina, que planejou e executou tudo tendo como objetivo o Amor Incomparável do Nosso Pai Criador.

Ele nunca te deixará órfão.

Recorda o ser querido sem mágoa ou revolta pela ocorrência de que não é responsável, desde que se nasce e se desencarna com a mesma facilidade, abrindo espaço para novos renascimentos felizes ou sofridos de acordo com o comportamento de cada qual.

Mantém-no envolto nos teus pensamentos de ternura e de carinho, de modo que ele receba essas vibrações que

---

INALIENÁVEL
Não alienável; que não pode ser vendido ou cedido; inalheável.

LENITIVO
(Por ext.) Que ou o que traz alívio ou conforto; consolação.

se originam em ti, como lenitivo e estímulo para a continuidade espiritual. Entretanto, se te deixas desequilibrar e atiras-lhe flechas de desconforto e de desespero, eles também são atingidos e sofrem, nada podendo fazer para aliviar-se e tranquilizar-te.

Ademais, após ser superado esse processo inicial de readaptação na residência onde te espera, ele poderá voltar ao teu carinho e informar-te como se encontra, estimulando-te a prosseguir no cumprimento dos teus retos deveres e mesmo amparando-te nos momentos difíceis que te surjam.

Enxuga, desse modo, o pranto e realiza atividades dignificantes em homenagem a eles, como se estivessem ainda na luta. Utilizar-te-ão com carinho no serviço da caridade, em doce convívio estimulante que te dará ânimo para os enfrentamentos existenciais.

A vida em triunfo é Mensagem de Deus a todas as criaturas em enternecido convívio de plenitude.

Tem, pois, coragem neste momento de saudade e desconforto íntimo.

Logo mais chegará o momento de partires da Terra para o reencontro permanente e feliz que a todos nos sucederá.

Ressuscitando, Jesus demonstrou que a imortalidade é o hino de perene alegria e plenitude para todos os viajantes.

Vive de tal forma que, em chegando o teu momento de desencarnar, estejas em perfeita tranquilidade e volvas à Pátria vitoriosamente.

A HUMANIDADE NECESSITA MAIS DO SILÊNCIO QUE
AJUDA, AO INVÉS DA CENSURA QUE REBELA.

Joanna de Ângelis/Divaldo Franco

Capítulo 24
Enfloresça o coração

A queixa contumaz tornou-se-te um fenômeno tão normal que nada consegue superar a amargura que te faz pessimista e reclamador.

Por mais nobres e belas conquistas realizes, sempre trazes o vício da queixa, da reclamação, numa necessidade imensa de te sentires infeliz e destituído de valores que sabes possuir.

Ninguém chega a este nível de idade sem experiências positivas e negativas. Manter a atitude ideal é opção pessoal, que somente o próprio indivíduo pode conseguir.

O queixoso torna-se antipático e cansativo, pois que todos os indivíduos também têm problemas, que fazem parte do cardápio existencial.

Nunca duvides de que a reencarnação tem como fundamental o trabalho de autotransformação, acendendo a perene luz da resignação e da alegria no mundo íntimo.

O insucesso em algumas atividades é fenômeno natural mediante o qual todos aprendem a utilizar métodos corretos para os resultados bons.

Os impedimentos e agravos surgem somente porque se está em ação e ninguém está isento de ser surpreendido por eles.

CONTUMAZ
Que constitui hábito; costumaz, costumeiro, habitual.

AGRAVO
Ofensa que se faz a alguém; injúria, afronta; prejuízo ou dano sofrido.

Assim, como és semelhante a todas as criaturas, não te sintas mortificado e abandonado quando atingido por tais acontecimentos.

O metal que oxida enfraquece-se, igualmente o coração amargurado está sempre sujeito à fragilidade e à cólera como mecanismo de defesa ante os fenômenos existenciais.

A irritação, essa filha dileta do egoísmo insatisfeito, é conduta venenosa para a jornada terrena. As suas toxinas psíquicas geram ideoplastias portadoras de oxidação destrutiva dos equipamentos emocionais.

Não te tornarás feliz agasalhando rebeldia e queixumes. Elegeste viver sob as blandícias do amor. Para tanto, é necessário que treines a emoção e corrijas o vício da revolta interior, que sempre se volta contra tudo que a desagrada.

Desgastas-te imensamente no jogo contínuo de raiva e equilíbrio por bagatelas e coisas sem importância que passas a atribuir valor.

Treina o próprio comportamento experienciando o prazer de seres útil, e não apenas de lograres o êxito.

O solo humano que escolheste para trabalhar não é constituído de pessoas finas e educadas, generosas e compassivas. Aqueles que ora estão contigo são o fruto azedo das tuas ações pregressas. Ninguém se vincula a outrem sem que tenha antes uma razão específica. No caso em tela, é a miséria deles que traz ao contato com os teus esforços renovadores.

Considera o que lhes tem acontecido antes de se acercarem de ti.

Renascidos ao abandono, sem ter experimentado o amor ou a compaixão, ficaram frios e violentos: sem paz para alcançar o mínimo para a existência difícil, tornaram-se rebeldes e reclamadores; sem esperança de melhora, vivem desconfiados e com gelo emocional.

Não compitas com eles nas suas expressões de desdita.

Tu estás do lado gentil, e eles convivem com o crime e a astúcia do instinto. Tu sabes que estás junto para ajudá-los, mas eles desconhecem o verbo "servir" e estão cansados de ser explorados.

Sê bom, mas não tíbio; enérgico, não brutal. Ajuda-os sem os humilhar, sem lhes recordar a situação em que vivem.

TÍBIO
Sem força, sem vigor; fraco, frouxo, débil.

Não é fácil. No entanto, se o amor transborda em teu coração, conseguirás conquistá-los para o bem.

A luz que vence a treva é silenciosa e dúlcida. Tranquilamente bendiz a oportunidade de diluir a treva.

DILUIR
Atenuar a força; enfraquecer.

Jesus os elegeu em Seu ministério, convivendo com eles e amando-os, embora censurado e incompreendido.

Toda a sua mensagem verbal foi consagrada pela dedicação aos deserdados da Terra.

Protegeu as mulheres, especialmente as infelizes que foram empurradas ao vício e ao crime; buscou as tascas imundas onde se refugiavam os desditosos e sem esperança, alimentando-se com eles e conversando sobre o Reino dos Céus.

TASCA
(Mtn.) Casa de pasto reles; baiuca.

Nasceu num coração pulcro de mulher ingênua e ressuscitou ante uma desditosa em recuperação.

PULCRO
Gentil, gracioso, mimoso, delicado.

No julgamento, foi trocado por um salteador homicida revel, porque não O quiseram, e partiu na cruz entre dois réprobos bandidos, mesmo assim conseguindo sensibilizar um deles.

SALTEADOR
Que ou aquele que salteia; assaltante; que ou aquele que assalta nas estradas.

A revolução contra Ele foi realizada pelos fariseus bem-vestidos e educados, fina flor da sociedade de então, manipuladores e hipócritas, pelos poderosos de coisa nenhuma que O temiam.

RÉPROBO
Que ou aquele que foi banido da sociedade; malvado, detestado, infame.

Crucificaram-nO, mas não O apagaram da memória do amor e da História.

FINA FLOR
(Fig.) O que há de melhor, ou mais representativo; elite, nata.

Príncipes, nobres, reis e governantes submeteram-se a Ele e passaram a dominar o mundo em Seu nome com crueldade, mas Ele não viera para isso...

Prometendo retornar ao nosso convívio humano, ei-lO de volta como era antes, ainda incompreendido e relegado à indiferença geral dos refinados e enfermos da alma. Entretanto, ressurge naqueles que têm sede de plenitude, que se Lhe comprometeram e trabalham em favor de todos com incomparável paciência e misericórdia.

Não te equivoques. Faze o melhor na tua jornada e realiza-o com o coração transbordante de amor.

Não te queixes, abandonando por definitivo esse ácido destrutivo.

Se outros ignoram essa diretriz, não te preocupes com o seu procedimento. Age, tu, corretamente!

A Humanidade necessita mais do silêncio que ajuda, ao invés da censura que rebela.

Dia chegará com diferente luz de entendimento, e sentirás em tudo e em todos esta trilogia em vitória: Deus, Cristo e caridade!

Tens grande valor e podes muito fazer, desde que o queiras, pois está ao teu alcance.

Joanna de Ângelis/Divaldo Franco

Capítulo 25
Vive em plenitude agora

Sucedem-se os dias vazios e multiplicam-se os teus projetos de renovação espiritual sem que assumas a responsabilidade das alterações que te deves impor a benefício próprio.

Constatas as dificuldades que tomam conta da sociedade aturdida a fim de que ajas corretamente sem te deixares arrastar pelo lodo que a tudo envolve e o desconforto moral que se instala insalubre.

> **INSALUBRE**
> Que não é bom para a saúde; malsão, deletério.

Uma preguiça sombria e insaciável toma-te o corpo em forma de cansaço exaustivo, que te impossibilita executar as atividades corretas para a produção de bem-estar e de saúde.

A maquinaria orgânica se encontra preparada para a ação constante com os seus normais períodos de pausa, que funcionam como de renovação e reequilíbrio.

As células renovam-se sem parar, obedecendo ao programa da mitose, e estão preparadas para as finalidades existenciais. Necessitam atingir o curso indispensável à renovação fundamental.

> **MITOSE**
> Divisão celular que resulta na formação de duas células geneticamente idênticas à célula original.

A cada novo dia repetes mentalmente a programação que elaboraste no anterior a fim de preservares o equilíbrio geral,

> **INDOLÊNCIA**
> Condição daquele que revela falta de disposição; inércia, preguiça.
>
> **POSTERGAR**
> Deixar para trás.
>
> **SINGELO**
> Que é muito simples puro.

mas vais adiando até o momento em que, vencido pela indolência, postergas o compromisso.

Não estranhes a piora da situação, porquanto a paralisia de movimentos e de ações já é desordem estabelecida.

Volta a adaptar-te a um programa singelo, que seja de modificação de comportamento humano, pessoal e social.

Se te afastas dos demais a pretexto de meditação, estás desenvolvendo um hábito doentio que te atirará na depressão.

Se te cansas com qualquer tentativa de ação, já te adaptaste à inutilidade, e o organismo reage conforme o pensamento preguiçoso.

Se vês dificuldade e desorganização em tudo, perdeste o senso de observação e escorregas pela rampa do desgoverno mental, vitimando-te em uma desordem emocional perigosa.

O grave problema é que essa ocorrência não somente sucede contigo, mas também com milhões de pessoas outras que se estão deixando sucumbir, quase indiferentes pelo fenômeno da anarquia de todo porte que toma conta do mundo.

A tua censura às coisas erradas não as corrigirá, assim como a tua ausência no trabalho edificante não deixa de ser um grande mal para o grupo social no qual te encontras.

Para agora, decide neste momento e começa a tua renovação espiritual.

Amanhã já terás dado um grande passo, rompidas as amarras da inutilidade, a prostração injustificável.

> **PROSTRAÇÃO**
> (Por ext.) Abatimento psíquico ou moral; depressão.

A preguiça é ferrugem nas engrenagens da alma, corroendo-as e danificando-as por longo prazo, até mesmo *definitivamente*.

Desde que pensas e dispões das possibilidades múltiplas de agir, não titubeies e começa a ser pleno agora. Não será de um salto que conseguirás o topo da jornada ou a vitória sobre a insensatez, mas não há dúvida de que já iniciaste o processo libertador.

> **TITUBEAR**
> Ficar em estado de irresolução, incerteza, hesitar, vacilar.

Mundo regenerado

Tudo no Universo é movimento que se transforma em ritmo, em beleza.

Após uma cirurgia a que foi submetida uma cega, indo passear numa floresta para embriagar-se de cores, sons e vidas, subitamente, deslumbrada, a agora vidente perguntou ao seu terapeuta: — *Por que tudo é tão bonito, e a face do ser humano, não poucas vezes, é tão triste?*

Ao que ele respondeu, melancólico: — *Porque ele pensa e ambiciona, deixando-se dominar pela insatisfação de tudo querer...*

Não é por isso, com certeza, mas porque perdeu o endereço da gratidão à Vida por tudo quanto o beneficiou.

Para onde olhes, verás a magia, o encantamento do existir, que deve envolver-te em júbilo e reconhecimento.

Desse modo, aplica todo o manancial que se encontra em teu mundo íntimo e aplica-o na paisagem universal, dando a tua contribuição para o maior enriquecimento possível de tudo.

Fazes parte do conjunto universal. Não és algo alienado, marginalizado, nem mesmo quando foges da realidade para o *nada*, que é inexistente.

Tens grande valor e podes muito fazer, desde que o queiras, pois está ao teu alcance.

Durante milênios o ser humano interrogou-se a respeito do que haveria na outra face da Lua. A sua imaginação enriqueceu-o de fantasias e respostas que pudessem atender a sua curiosidade.

No momento próprio, a Astronomia demonstrou-lhe que não havia nada de especial, senão o que realmente havia na face visível.

Assim também é tudo aquilo quanto ignoras, especialmente o esforço que não fazes para decifrar os enigmas existenciais, entre esses os que fazem parte da jornada humana.

> **DESLUMBRADO**
> Que se encanta; assombrado, fascinado, maravilhado.

Ergue-te, pois, talvez cambaleante a princípio, para logo reconquistares a postura correta de avançar e ser pleno.

Tudo quanto adias mais difícil torna-se. Tornar o fácil difícil é dificultá-lo, mas fazer que o difícil seja ainda mais difícil é torná-lo quase inexequível.

> **INEXEQUÍVEL**
> Que não pode ser executado, realizado ou cumprido; irrealizável.

Toda vez que Jesus convidava alguém a segui-lO enunciava: – *Agora!*

Agora é o momento sublime de aplicares a herança divina que possuis em benefício da ordem universal.

Quando comeces a sair da inércia e redescubras a grandeza do movimento, cantarás em júbilo: – *Eu sou vida, e vida abundante!*

A vida sempre estará triunfante em todo lado, cantando beleza, bastando que, para percebê-la, encontre-se o observador na faixa vibratória em que ela se expande.

Tudo quanto está visível não é conforme se vê; ao contrário, tudo aquilo que não é visto expressa a vida na sua magnitude e grandeza.

Vive, pois, integralmente cada momento da tua existência e estarás pleno.

Toda vez que te equivocares, sorri e repete a experiência. A aprendizagem exige repetição, a fim de fixar-se nos painéis delicados e complexos do Espírito lutador.

Joanna de Ângelis/Divaldo Franco

Capítulo 26
Autoiluminação

Diversas vezes surpreendes-te sob a ação nefasta do desânimo, coagido por estranhas energias molestas que teimam em vencer as tuas resistências.

Pensamentos inabituais de desencanto e reflexões desagradáveis insistem em instalar-se em tua casa mental, numa conspiração perversa de subversão de valores espirituais.

Dás-te conta de que outras mentes estão tentando invadir-te o comportamento e percebes equívocos não comuns em tua conduta. Aqui e ali identificas erros e uma leve cortina de fumaça parece ensombrar as tuas alegrias.

Conheces Jesus e estás identificado por Ele para o ministério de amor e de luz, nada obstante não tens correspondido como deverias aos ensinamentos que conheces e amas.

Duas alternativas estão na pauta desses acontecimentos: depressão e obsessão, trabalhando para o mesmo desiderato, que é imobilizar-te.

Todo aquele que se dedica aos ideais nobres experimenta momentos de tal porte, ora influenciado pelos desencarnados infelizes, noutros instantes pelo organismo em desgaste ou cansaço.

MOLESTO
Que causa moléstia; que afeta a saúde.

ENSOMBRAR
(Fig.) Provocar ou sentir tristeza; entristecer(-se).

DESIDERATO
O que se deseja; aspiração.

Os profetas, os místicos, os santos e mártires da Verdade, os médiuns abnegados, os heróis do bem, todos experimentam sinais da *noite escura* da alma.

Ninguém que atravesse a sublime experiência da reencarnação voltado para os objetivos nobres sem que seja visitado pela amargura, pelo *vazio existencial*, por situações equivalentes.

Uns são vítimas de enfermidades prolongadas, de pessoas perturbadoras e insensíveis, de incompreensões contínuas, de falsas necessidades orgânicas insistentes, de períodos de pessimismo e de amargura, mesmo conhecendo as terapêuticas de amor e de força que lhes estão ao alcance...

Outros enfrentam os desejos tormentosos e tombam, logo passando a viver arrependimento prolongado e causticante, como se houvessem ido muito mais longe em desequilíbrio, o que não corresponde à realidade...

Tentam levantar-se, reerguer-se, continuar como se houvessem superado o deslize, mas ei-lo espicaçando a consciência e humilhando a sua vítima.

Inspirações malévolas tornam-se uma cortina de dúvidas em relação aos próprios objetivos, aos companheiros, aos esforços desprendidos.

Uma certa lassidão toma conta do corpo e prostra-o, a pouco e pouco, prolongando o seu cerco malfadado em tentativa de inutilizar-te o trabalho edificante.

Sim, tudo isso acontece com todos os seres humanos no seu processo de autoiluminação.

Há predominância de sombra no teu ser e, portanto, só lentamente é que se vão fazendo as áreas de luz que terminarão por proclamar a vitória sobre a treva.

Desse modo, não te aflijas em excesso.

O Senhor, que te conhece, identifica todas essas dificuldades, mas te ama assim mesmo, exatamente como és e como te encontras.

ESPICAÇAR
Magoar, torturar, afligir.

LASSIDÃO
Diminuição de forças; esgotamento, fadiga.

PROSTRAR
Fazer cair, lançar por terra; derrubar, prosternar.

MALFADADO
Que ou aquele que possui mau fado; desgraçado, desventurado, mal-aventurado.

Mundo regenerado

❖

Diante desta realidade, não te subestimes nem descoroçoes na jornada evolutiva.

Escutaste no imo do ser o convite de Jesus para o serviço de construção do novo mundo de amor que Ele preconiza e viveu entre os seres humanos quando na Terra.

Tens enfrentado lutas severas e vencido muitas das imperfeições que te afeavam o caráter.

Vês desfilarem os iludidos nos seus carros de luxo e de mentira, ornamentados pela vaidade e pela decepção. Também eles carregam tremendos fardos de desencantos. O que lhes ocorre não é exatamente o que desejam, o que planejaram viver. Submetem-se a esses acontecimentos porque lhes satisfazem o egoísmo, o narcisismo, mas os tornam fantasmas internos, buscando encontrar o que jamais estará nas alturas *VIPs* do cotidiano do destaque social.

Os seus fanáticos não estão realmente interessados na sua felicidade, mas são adoradores do que eles têm e gostariam de desfrutar também.

São invejosos que aguardam a primeira oportunidade para se voltar contra e apedrejar, viajando na direção de outros que surgem na esteira imensa da loucura dourada.

O vinho capitoso que sorvem tem amargor insuportável, por isso tomam-no até perder o sabor, embriagando-se.

Agora, quando raciocinas com lucidez e dás-te conta do muito que te falta produzir para seres realmente feliz, reinicia a superação desses infelizes motivos de gozo perverso e volta a ser simples e puro de coração.

Canta no ritmo da bondade a mensagem universal da fraternidade, enquanto enriqueces o pensamento com as imagens do bem incessante e da caridade natural, qual rosa que desabrocha no período próprio do desenvolvimento vegetal.

IMO
(Mtf.) Muito íntimo, muito profundo; interno, recôndito.

AFEAR
(M.q.) Enfear; tornar baixo, torpe; manchar, macular.

VIP
Diz-se de ou pessoa de grande prestígio ou influência; Diz-se de local destinado a esse tipo de pessoa.

CAPITOSO
Com alto teor alcoólico (diz-se de vinho); inebriante.

Não te escuses nem te acuses em face da momentânea impossibilidade de acertar.

Toda vez que te equivocares, sorri e repete a experiência. A aprendizagem exige repetição, a fim de fixar-se nos painéis delicados e complexos do Espírito lutador.

Amealha com carinho cada vitória, como aquele que aprende a falar colecionando todas as palavras novas para a harmonia do discurso futuro.

> **AMEALHAR**
> (Fig.) Acumular, juntar, enriquecer a existência com.

Quando se ignora o fato, está-se na fase de *consciência de sono*, em que bastam os instintos primários serem atendidos para que tudo esteja bem. No entanto, como a evolução é inevitável, despertarás para um segundo período, o de lucidez, descobrindo a iluminação a fim de que não permaneças nas trevas da ignorância.

É feliz quem descobre o caminho da libertação mesmo sabendo quanto terá que investir para lograr essa santa alegria de estar bem e bem viver.

Nesse momento, a opção pelo Reino de Deus faz-se-te *inelutável* e transformadora.

> **INELUTÁVEL**
> Que não se pode contestar; certo, indiscutível, irrefutável.

Não há mais como retroceder, porque o encontro é inevitável, desde que Ele espera em triunfo e tranquilidade, porque é o Caminho, a Verdade e a Vida...

❖

Quem O encontra nunca mais O esquece ou abandona, porque somente Ele dá sentido existencial ao Espírito em luta evolutiva.

> **LUCIGÊNITO**
> Gerado pela luz.

Lucigênito, avança na direção da autoiluminação e nenhuma depressão ou obsessão encontrará campo na tua longa *ascese* com o objetivo de dificultá-la.

> **ASCESE**
> Dedicação ao exercício das altas virtudes, à perfeição ética.

Mergulha a mente em reflexão e observa quantos benefícios na atual existência, considerando lição para a sabedoria o que não corresponder aos anseios do coração.

Joanna de Ângelis/Divaldo Franco

Capítulo 27
Fracasso aparente

Naqueles dias terríveis da turbulência generalizada e paixões criminosas, chegava-se ao capítulo culminante da crucificação de Jesus e imediata exaltação do Sinédrio e do poder imperial de Roma.

Atingira-se o limite máximo da desordem e do ultraje moral às criaturas humanas.

Aquele Homem na cruz, dilacerado por cardos e chicotes aguçados, era um vencido aparente. A Sua Causa, a doutrina que divulgava, estava em choque, ultrajada. Entretanto, que fizera Ele, o Cantor da esperança e o Benfeitor de todos, de modo a ser trocado por Barrabás, hediondo salteador e homicida, ante a multidão desvairada!?

Acompanhado na punição infame encontrava-se de dois salteadores de estradas, homens de má vida, demonstrando que Ele houvera fracassado também e estava sob severo castigo em face do desrespeito às leis.

Sua vida era uma sinfonia de amor que se ouvia e participava naqueles mais recentes anos.

Um encantamento jamais visto cercava Sua figura incomum. Seus ensinos e Seus feitos deslumbravam e enriqueciam

SINÉDRIO
Conselho supremo dos judeus na Palestina durante o domínio romano, composto de sacerdotes, anciões e escribas da classe dominante, o qual tratava e decidia os assuntos de Estado e de religião; sanedrim, sinedrim.

ULTRAJE
Ofensa muito grave; afronta, desacato.

CARDO
Nome dado a algumas espécies de plantas da fam. das compostas (esp. dos gên. Carduus e Cirsium), de folhas espinhentas ou ásperas.

todas as regiões por onde passava com inefável ternura e incomum gentileza.

Todos que mantinham qualquer contato com Ele fascinavam-se e buscavam-nO com ansiedade e alegria.

Ele arrastava as multidões que deixavam tudo para trás sob o encanto da Sua voz e a extraordinária ação de saúde e de misericórdia.

Os corações aflitos apaziguavam-se ante o Seu olhar compassivo, e as terríveis feridas das almas e dos corpos cicatrizavam-se ante o leve contato da Sua presença.

Os poderosos anelavam por tê-lO nos seus lares confortáveis, e os miseráveis conviviam ao Seu lado nas tascas imundas e indignas.

A todos Ele socorria com a mesma bondade e assemelhava-se ao Sol de primavera osculando o campo e fazendo-o arrebentar-se de flores, em explosão de perfume e de beleza.

Suas pegadas ficavam impressas nos sentimentos de quantos O encontravam.

Jamais houve alguém que se parecesse e certamente outrem igual não mais surgiria no mundo.

Ele falava sobre um Reino adimensional e próximo que estaria construindo na Terra e que para tal execução convidava todos os seus futuros moradores.

Aqueles que O seguiam esperavam vê-lO triunfante em Jerusalém e dominando o mundo...

...E equivocavam-se!

Por mais Ele explicasse que o Reino não tinha aparência exterior nem estrutura terrestre, parecendo ignorar os esclarecimentos, Israel e seus filhos desejavam o mundo, a sua efêmera glória e a ilusão carnal...

Aquela visão terrível, no entanto, não era a página final da Sua história gigantesca, por isso não se tratava de um fracasso,

---

OSCULAR
Dar ósculo(s) em (alguém ou algo, ou mutuamente); beijar.

ADIMENSIONAL
Que não possui dimensão.

EFÊMERO
Que é passageiro, temporário, transitório.

porque, logo mais, surgiria um amanhecer esplendente de luz, e Ele retornou triunfante e libertador.

ESPLENDENTE
Que esplende; resplandecente, brilhante, cintilante.

A Ressurreição de Jesus é o excelso triunfo sobre a morte e a demonstração mais extraordinária sobre a grandeza e perenidade da vida.

Também assim, com variações, ocorrem os fracassos humanos no processo da evolução humana.

PERENIDADE
Qualidade de perene (que é eterno, perpétuo; perenal).

São dados passos seguros no rumo do dever, e não poucas vezes fenômenos inesperados conspiram contra os resultados almejados, ocorrendo desconhecidos insucessos. Todavia, se bem aproveitadas essas lições, aprende-se a contorná-las, por cujo comportamento surgem surpreendentes êxitos no futuro.

O amadurecimento psicológico do ser humano resulta da soma das experiências mediante as quais se aprende a enfrentar as vicissitudes com naturalidade, porque fazem parte do processo e de todo o mecanismo da evolução.

Quem não se haja submetido naturalmente a esse fenômeno, corrigindo os comportamentos perturbadores, permanece em ignorada alienação.

Em face disso, muitos êxitos considerados verdadeiros triunfos conduzem a desastres futuros, por não preencherem o *vazio existencial*.

A reencarnação, assim considerada, tem por finalidade *espiritualizar* a matéria e oferecer-lhe recursos para a plenitude do ser.

Por essa razão, as complexidades da existência humana sempre surpreendem, devendo ser consideradas como mecanismos especiais de conduta.

Todo e qualquer empreendimento está, portanto, sujeito ao que se denomina apressadamente como fracasso, porém, que não deve encerrar a ação, mas facultar perspectiva de trabalho em favor dos resultados opimos mais tarde.

> **OPIMO**
> Excelente, rico, fértil, de grande valor.

Razões muitas existem para explicar o insucesso, que é também experiência em movimento.

A visão terrena é ainda muito imediata, em razão das circunstâncias existenciais defluentes da Lei de Causa e Efeito. Demais, o processo de evolução é sempre ascendente, o passo de hoje enseja novo esforço amanhã.

Não te desanime nunca o insucesso, procurando encontrar o seu motivo desencadeador, a fim de superá-lo.

Todos semeiam para o porvir. Mesmo quando algumas sementes se perdem ou simplesmente não produzem, outras conseguem suplantá-las com fertilidade surpreendente em qualidade e em quantidade.

Perseverar, pois, é compromisso com o trabalho positivo no momento, é bênção de aprendizagem para o porvir.

Mergulha a mente em reflexão e observa quantos benefícios na atual existência, considerando lição para a sabedoria o que não corresponder aos anseios do coração.

Nunca percas o entusiasmo por causa de tais ocorrências desde que tens por meta o Reino de Deus ainda na Terra.

Quem O visse naquela tarde de horror na cruz da ignomínia não poderia imaginar o Seu triunfo no próximo amanhecer.

Desse modo, agradece a cruz e avança para a liberdade triunfal.

> **TRIUNFAL**
> Relativo a triunfo; em que há grande triunfo.

Seja qual for a circunstância, lugar ou posição em que te encontres, nunca postergues a ação do amor em tua conduta.

Joanna de Ângelis/Divaldo Franco

Capítulo 28
A política de Jesus

A política de Jesus é aquela na qual o amor predomina sobre todas as imagináveis possibilidades.

Amor à ordem estabelecida pelas Divinas Leis, que devem viger como diretrizes de segurança para todas as situações que se apresentem no transcurso existencial.

Amor aos deveres de fomentar o progresso e estimulá-lo através de um perfeito equilíbrio entre as diferentes linhas de pensamentos e de ideias.

Considerando-se que cada indivíduo é um universo especial, cumpre a todos o dever de respeito pela diferença de opiniões, fruto natural do estágio evolutivo do seu próximo.

O amor permite todas as condições que existem e trabalha em favor do equilíbrio entre as diferenças que se apresentam.

Tenha-se em vista que ideias são combatidas com outras melhores, e nunca em forma de pugilato entre os idealistas.

Toda vez quando o debate de ideias descamba para a agressividade contra o seu portador, o amor falha no seu mister de união e de fraternidade. Passa-se da política do bem, que deve ser a estrutura de todos os esforços, para a da força, da imposição do desrespeito aos Soberanos Códigos da Vida.

> **PUGILATO**
> Ação de guerrear; contenda, pugna.

Tal ocorrência demonstra a fragilidade da razão ante os fatos, do exame exaustivo que se deve aplicar antes de divergir e dissentir, sendo-se vítima de paixões egoicas e ditador da maneira de conviver e de trabalhar.

Não é a questão de o outro estar certo ou não, mas da essência do seu pensamento poder resistir a tudo aquilo que se lhe oponha como fenômeno natural do ato de compreender-se, de vivenciar-se.

Experimenta-se, na atualidade, o período em que o poder da força pelos benefícios que proporciona ao seu portador se torna válido, em flagrante desconsideração dos objetivos que facultam a construção da paz e do progresso no mundo, um lamentável caminho que se inicia em forma de desentendimento entre os membros da sociedade.

Em todas as circunstâncias, porém, diferentemente Jesus demonstrou que a política do bem não defrauda a legislação universal da harmonia que deve viger entre o que se pensa e a maneira como se comporta.

Não poucas vezes, nesta circunstância a justiça é posta à margem pela força desnecessária do indivíduo não acostumado a obedecer às regras básicas da conduta social existente desde os primórdios da evolução.

Sucede que o respeito à lei vigente deve ser aceitar as determinações que se encontram exaradas como consequência das experiências culturais anteriores e o seu combate ocorra mediante o comportamento afável e digno, embora não concordando com o opositor.

Eis por que se faz imprescindível a vivência da conduta teocêntrica, embora sem a submissão a organizações humanas que se lhes facultam adquirir o poder, impor a soberania de forma absolutista.

Não têm sido poucas ou reduzidas as interferências das religiões organizadas com instituições trabalhadas em favor de padrões sociais estabelecidos em cada época, a ponto de se tornarem dominadoras, ao lado dos governantes infelizes e perversos, que destruíram totalmente os objetivos a que se devem dedicar todas as doutrinas que tenham a ver com a questão espiritual da Humanidade.

A aceitação dos Divinos Códigos em sua essência, num respeitoso cuidado de observação e vivência, eis a maneira ideal de ter-se uma existência religiosa ou viver-se religiosamente, graças ao vínculo de segurança com Deus, com a imortalidade do espírito e com as seguras regras do comportamento que proporciona a evolução.

O ser humano é imortal, sendo a sua real a vida além da carne, na qual se origina e prossegue após os fenômenos do berço e do túmulo.

O corpo é uma veste temporária, própria para os objetivos de desenvolvimento da centelha espiritual que dele se utiliza, qual ocorre com a semente que se dilui no solo onde se encontram os fatores indispensáveis ao seu processo de germinação.

Nesse sentido, a reencarnação oferece o seu encantador poder de transformação, qual buril na lapidação da aspereza de qualquer material, aplainando-lhe as anfractuosidades no seu largo processo de embelezamento.

BURIL
Ferramenta similar us. para lavrar pedra.

ANFRACTUOSIDADE
(Por ext.) Propriedade de apresentar sinuosidades, saliências, depressões, irregularidades.

Intuída e inspirada a vencer as torpezas do percurso na busca da felicidade, a criatura encontrou na política o mais eficaz instrumento para conduzir as massas sempre necessitadas de equilíbrio e paz.

Filosofando com base em princípios nem sempre elevados, efeito natural das ambições pessoais ainda algo primitivas, os indivíduos mais astutos normalmente utilizam as forças das habilidades interiores para impor-se ao grupo social e seduzi-lo politicamente.

Desse movimento algo sórdido surgiram os partidos dominadores para encarregar-se das suas ambições, conseguindo-as a benefício pessoal em detrimento dos grupos saudáveis aos quais deveriam servir.

Pessoas honestas, portadoras de tesouros morais inalienáveis, compreendendo a necessidade de dedicar-se às campanhas de crescimento social e elevá-las às conquistas plenificadoras, são normalmente vencidas nos pleitos eleitorais periódicos que as comunidades executam.

Utilizando-se dos métodos da honestidade e da transparência, são ainda vencidas pelas intrigas e perseguições dos seus adversários, que se fazem campeões da calúnia e da corrupção.

Todos têm, porém, seu modelo em Jesus, que durante a jornada terrestre enfrentou os perversos e exploradores que dominavam o povo submisso e esmagado pelos sofrimentos.

A vida humana exige ética de comportamento, a fim de ajustar-se à programação universal.

Todas as vezes quando Ele foi perseguido pelos políticos e religiosos do Seu tempo, que exploravam e extorquiam a plebe e as classes menos privilegiadas, encontrava os recursos na Lei de Amor, ou Lei Natural, para demonstrar justiça e sabedoria.

Em face desta realidade, a do bem, é indispensável que a força ceda suas resistências violentas aos impositivos do divino poder do amor.

Seja qual for a circunstância, lugar ou posição em que te encontres, nunca postergues a ação do amor em tua conduta.

Faze sempre conforme gostarias que se te fizessem, quando estiveres em situação idêntica.

Assim sendo, ao invés da política do poder extravagante e destruidor, o bem como recurso intermediário para a solução de todas e quaisquer dificuldades.

Capítulo 29
Fidelidade integral

Todo compromisso para ser fielmente cumprido exige fidelidade ao roteiro estabelecido.

Na realização de quaisquer programas, especialmente aqueles que dizem respeito à transformação moral do indivíduo para melhor, em pleno fragor das lutas, sobretudo aquelas que exaurem as forças e parecem impedir o seu prosseguimento, surgem desvios para o comportamento, que são distrações e prazeres, alguns fascinantes e quase irresistíveis. Eles respondem pelo abandono das tarefas relevantes assim como dos sacrifícios naturais que são impostos pelo ser que se afervora na busca da vida abundante.

Não compactuam nesse mister as luminosas lições do Evangelho de Jesus descritas pela Revelação dos Espíritos imortais, que renovam as paisagens humanas e abrem as cortinas da ignorância em torno da realidade do ser humano, seu destino e os tesouros a conquistar.

A fidelidade é essencial ao cumprimento de todos os deveres que se relacionam aos objetivos perseguidos.

Por esta razão, o inolvidável Mestre asseverou, num convite enérgico: "Busca primeiro o Reino de Deus e sua justiça e

> FRAGOR
> Ruído estrondoso; estampido, estrépito, estrondo.

Divaldo Franco · Joanna de Ângelis

tudo mais vos será acrescentado", de imediato adindo: "Sede féis até o fim".

Em empreendimento de tal magnitude, não basta crer e entusiasmar-se, mas é necessário que essa crença se transforme na *alma* da realização.

De ordinário é muito fácil adotar-se uma conduta nova quando deslumbrado com as informações espíritas a respeito da imortalidade do ser e as múltiplas diretrizes que constituem verdadeiros paradigmas doutrinários. No entanto, toda e qualquer construção exige esforço, abnegação e trabalho contínuo, e os resultados nem sempre se fazem de imediato.

Nesse ínterim da prolongada realização, surgem os vícios do pretérito, os hábitos malsãos retornam e as lutas recrudescem, exigindo seriedade, renúncia a outros misteres.

Simultaneamente, adversários espirituais da Humanidade que existem e proliferam em toda parte, percebendo a ocorrência especial, buscam alcançar o trabalhador, insuflando cansaço, desencanto e mesmo gerando situação quase insuportáveis, mas que fazem parte do processo sublime da evolução.

Preferindo a desordem, o caos, nos quais tendem às suas mefíticas necessidades, perseguem aqueles que se lhes escapam.

O seu atrevimento é de tal ordem que se não intimidaram em enfrentar o Senhor quando da Sua incomparável jornada entre as criaturas humanas, no belíssimo capítulo que se denomina como *As tentações*, inserto no Evangelho.

Dizendo-se adversários de Jesus e iludindo-se em perseguir aqueles que O amam, buscam razões falsas de ações pretéritas de algumas doutrinas religiosas para justificar a sua desídia e perversidade.

Não os temas nem sintonizes com eles.

Segue o teu caminho amando sempre, a eles inclusive.

❖

Notas laterais:

ADIR
Acrescentar ou juntar (algo) a uma outra coisa.

DE ORDINÁRIO
Na maioria das vezes; habitualmente, geralmente.

PARADIGMA
Um exemplo que serve como modelo; padrão.

MALSÃO
Nocivo, maléfico; insalubre, doentio.

RECRUDESCER
Tornar-se mais intenso; aumentar.

MISTER
Necessidade, precisão, exigência.

INSUFLAR
Sugerir um sentimento ou uma ideia a alguém.

DESÍDIA
Desleixo, incúria, negligência.

A ascensão do Espírito, das baixas faixas evolutivas em que se encontra na direção das elevadas situações que lhe estão destinadas, é caracterizada pela fé racional e pelo sentimento de caridade que deve existir em todos os comportamentos humanos.

Amar é algo mais que a adoção de uma palavra e gestos exteriores de carícia. São atitudes de solidariedade e respeito ao lado da compreensão dos próprios limites, não se impondo nem exigindo que o outro, o ser amado, seja-lhe um dependente afetivo.

Renovando-se moral e emocionalmente a cada instante, tornando-se melhor em cada momento, apontando rumos percorridos e estados de harmonia íntima, o amor é luz que vence a escuridão da ignorância e facilita a conquista de planos formosos de ternura e misericórdia.

FORMOSO
Que é grandioso; elevado, esplêndido.

Quando se ama, exterioriza-se uma irradiação de harmonia que penetra tudo e todos que estejam em derredor.

O amor é nutriente espiritual que não somente abençoa aquele que o agasalha na mente e no coração, mas também que mimetiza o outro, mesmo que se lhe considere adversário.

MIMETIZAR
Imitar; reproduzir.

Pode parecer tarefa inexequível convidar alguém a amar aquele que se lhe fez inimigo. O amor, no entanto, entende que o suposto inimigo é muito mais carente de afetividade do que outros que facilmente se entregam à mágica manifestação da afetividade.

Certamente, esse amor ao adversário não implica este tomar conhecimento, mas sim não resistir-se ao seu mal, devolvendo pensamentos e atos negativos, contudo compreendendo que ele está enfermo e aguardando o tempo na sua extraordinária função de a tudo modificar.

Perseverar-se, pois, nesse mister é complexo, em razão das paixões do próprio *ego*, que devem ceder lugar ao altruísmo, confiando-se integralmente nas Leis Cósmicas, que regem os destinos do Universo.

ALTRUÍSMO
Amor desinteressado ao próximo; filantropia, abnegação.

Consciente de que a luta é o clima no qual o cristão-espírita deve movimentar-se, o seu entusiasmo nunca diminui porque em tudo vê presente a Misericórdia do Amor do Pai, ajudando sempre e sem cessar.

Desse modo, ama e serve em todas as circunstâncias em que te encontres, certo de que os teus amigos espirituais que te inspiram o bem prosseguem auxiliando-te na escala ascensional nos rumos da Grande Luz.

Quando, por qualquer circunstância, sentires-te abatido ou em combalimento, entorpecido por vibrações tenebrosas e a um passo da desistência, decide-te pela oração e entrega-te Àquele que é a Fonte inexaurível que jamais te deixará.

Estás convidado ao banquete da Boa-nova, prepara-te, utiliza-te da veste nupcial e comparece jubiloso.

❖

Ser fiel até o fim é o sublime desafio nesta hora de dificuldades, na qual te encontras atendendo ao convite do Senhor.

Também Ele viveu esses desafios que te perturbam, somente que em momento algum deixou de confiar no Pai e a Ele entregar-se totalmente.

ASCENSIONAL
Relativo a ascensão; que faz subir; que tende a subir.

COMBALIMENTO
Psicologicamente deprimido, desanimado, sem forças morais.

ENTORPECIDO
Sem ânimo; desanimado; sem energia.

BOA-NOVA
Notícia da salvação do mundo por Jesus Cristo; Evangelho.

JUBILOSO
Tomado por júbilo, por intensa alegria ou contentamento.

Ele está aguardando que as dores que vergastam a sociedade sirvam de estímulo para a busca imediata do bem e do amor, através da caridade, que são as Suas mãos ajudando e amparando a todos.

Joanna de Ângelis/Divaldo Franco

Capítulo 30
Glórias do Natal

Em toda parte quase onde brilhava o Sol no planeta terrestre encontrava-se a dominadora águia, representando o Império Romano sedento de poder e dominação arbitrária.

ÁGUIA
Insígnia, estandarte, bandeira etc. representada por uma águia.

O mundo estorcegava sob as legiões gloriosas, e o sofrimento tornara-se quase insuportável para os povos vencidos.

Leis perversas submetiam as populações conquistadas, escravizando-as sem qualquer piedade.

A miséria econômica aumentava na razão direta em que ocorria a governança política a tudo e a todos esmagando.

Respirava-se o ar mefítico do sofrimento sem-nome.

A sociedade estava praticamente dividida entre vencedores e vencidos, sobrecarregados, esses últimos, de desdita e horror.

Nada valendo a criatura destituída de destaque social nesta ou naquela área, mal sobrevivia espezinhada e sem qualquer direito, nem sequer o da existência corporal.

ESPEZINHADO
Humilhado, aviltado, ofendido.

Verdadeiras legiões de miseráveis deambulavam pelas ruas das cidades carregando a cruz da escravidão e do abandono. Nada valiam, senão para o escárnio e perseguição inclemente.

ESCÁRNIO
Caçoada, escarnecimento, ridicularização, zombaria.

Eram tempos de selvageria, e em ocasiões passadas outras nações experimentaram algo semelhante: os vencedores das incessantes guerras em que se consumiam dizimavam a dignidade e se embriagavam na loucura do ódio mesclado com a luxúria e a degradação.

Com muita dificuldade despontavam aqui e ali o pensamento filosófico e a arte, que eram manipulados pelos triunfadores nos excessos de suas loucuras, mais tarde vencidos por outros não menos impiedosos.

A liberdade de pensamento desaparecera asfixiada na intolerância a serviço do crime.

Não havia dimensão aceita para o absurdo dos despautérios.

A hediondez pairava soberana em toda parte ovacionada pela traição, o suborno e a governança das Fúrias.

Nada obstante, em todos os povos mantinha-se o sopro divino de que Ele viria um dia, quando menos se esperasse.

Seria qual primavera de bênçãos e luzes dignificando a vida e abrindo os braços amorosos para poder afagar toda a Humanidade num só amplexo de incomparável ternura feita de misericórdia.

Os sátrapas que dominavam um dia temiam-nO, e os demais guerreiros, cruéis e odiados, receavam-nO.

Cada povo em suas tradições multisseculares sabia que um dia viria o Conquistador inconquistado e estabeleceria na Terra um reinado de paz.

Israel, que se acreditava merecedor da honra por ser monoteísta, exaltava esse Messias libertador e repetia sem cessar que naquele período Ele chegaria como um poderoso dominador, concedendo-lhe liberdade e o cetro da governança do mundo.

Mundo regenerado

Também Israel se encontrava sob o peso do padecimento imposto pelos romanos, anelando para que Ele aparecesse e fizesse cumprir as antigas profecias.

Acreditava-se, então, que Ele substituiria os infames criminosos que Lhe antecipassem a jornada.

Mas o seu povo desgastara-se nas lutas infelizes das disputas sem sentido e se encontrava dividido em classes que se antagonizavam, gerando um clima de ódios e desafios constantes.

Governado por um estrangeiro subalterno a César e homicida inclemente, dominado pelo medo e destruidor incomum, espalhara o terror por todo o território que submeteu à prole destituída de sentimentos elevados, esmagando cada vez mais aqueles que lhe sofreram a crueldade.

Aquele era um momento especial na política do Império Romano, porquanto estava sob a dominação de Otávio, que sobrevivera aos outros triúnviros, havendo sido coroado imperador em 31 a.C.

Aparentemente houve uma paz quase generalizada em toda parte, e foi no momento em que floresciam a arte, a Filosofia, a beleza em Roma e na imensa extensão territorial que Ele veio assessorado pelos anjos em uma noite inesquecível sob as estrelas luminíferas, em uma gruta de calcário onde repousavam os animais.

Nenhum séquito de anunciadores fazendo soar as trompas guerreiras ou as homenagens dos criminosos que governavam o mundo.

Visitado por pastores humildes entre animais domésticos e a Natureza, Ele veio ensinar felicidade e amor como dantes nunca ninguém o fizera.

Desconhecido por algum tempo, a Sua voz se fez ouvir no Templo, aos seus 12 anos, e somente mais tarde, bem depois, enunciaria as notas de incomparável beleza da Sua sinfonia da Boa-nova.

PROLE
Grupo de pessoas descendentes de um mesmo ancestral; sucessão.

LUMINÍFERO
Que traz ou produz luz.

SÉQUITO
Conjunto das pessoas que acompanham outra(s); cortejo que acompanha uma pessoa, ger. distinta, para servi-la ou honrá-la; comitiva.

Jamais alguém que se Lhe comparasse ou pudesse realizar o que Ele fez.

Modificou todos os padrões da ética e do poder, demonstrando que o amor é a mais notável Lei que o Pai oferece à Humanidade, a fim de alcançar a plenitude.

Viveu conforme ensinou todos a viverem.

Entregou-se ao amor e à misericórdia, no entanto, não foi aceito, porque não foi compreendido, pois se negou a ser igual aos que O anteciparam.

Deu a todos a Sua vida, a fim de que pudessem retornar ao Pai em clima de harmonia total.

Até hoje ninguém que se Lhe assemelhasse, embora legionários do Seu amor hajam renascido através dos séculos para manterem viva a mensagem do Seu inefável amor.

Nestes dias a lembrança do Seu nascimento é como um punhal cravado na memória do mundo para que todos se deixem impregnar pela incomparável lição de vida que foi entre nós a Sua Vida.

❖

Chega o Natal e a Sua voz ecoa através dos séculos, convidando a Humanidade neste momento difícil, àquele semelhante, para que Ele nasça ou renasça na sua existência.

Ele está aguardando que as dores que vergastam a sociedade sirvam de estímulo para a busca imediata do bem e do amor, através da caridade, que são as Suas mãos ajudando e amparando a todos.

É Natal! Viva as glórias do Natal.

LEGIONÁRIO
Relativo a legião (grande número de seres vivos ou de coisas; multidão).

IMPREGNAR
Fazer(-se) penetrar (um corpo) de líquido; embeber(-se), encharcar(-se).

VERGASTAR
Golpear com vergasta; chicotear, chibatar, açoitar.

ANOTAÇÕES

Anotações

Anotações

Anotações

Anotações

Este livro foi impresso na
LIS GRÁFICA E EDITORA LTDA.
Rua Felício Antônio Alves, 370 – Bonsucesso
CEP 07175-450 – Guarulhos – SP
Fone: (11) 3382-0777 – Fax: (11) 3382-0778
lisgrafica@lisgrafica.com.br – www.lisgrafica.com.br

Tu és herdeiro de Deus, e o Universo,
de alguma forma, te pertence.

Joanna de Ângelis/Divaldo Franco

Extraído do livro Vida Feliz, Cap. CXLV.